浙江省工业化发展阶段分析及对策研究

The Analysis and Countermeasures on
Industrialization in Zhejiang Province

兰建平　罗延发/著

经济管理出版社
ECONOMY & MANAGEMENT PUBLISHING HOUSE

图书在版编目（CIP）数据

浙江省工业化发展阶段分析及对策/兰建平，罗延发
著. —北京：经济管理出版社，2012.4
ISBN 978-7-5096-1863-9

Ⅰ.①浙… Ⅱ.①兰… ②罗… Ⅲ.①工业化—研
究—浙江省 Ⅳ.①F427.55

中国版本图书馆 CIP 数据核字（2012）第 070414 号

出版发行：**经济管理出版社**

北京市海淀区北蜂窝 8 号中雅大厦 11 层

电话：(010)51915602　　　　邮编：100038

印刷：三河市延风印装厂　　　　　　　经销：新华书店

组稿编辑：张永美　　　　　　　　　责任编辑：张永美
责任印制：杨国强　　　　　　　　　责任校对：蒋　方

720mm×1000mm/16　　　　　　13.25 印张　　224 千字
2012 年 5 月第 1 版　　　　　　2012 年 5 月第 1 次印刷

定价：39.00 元

·书号：ISBN 978-7-5096-1863-9

序

金　碚

　　由兰建平和罗延发负责撰写的《浙江省工业化发展阶段分析及对策研究》，涉及一个关系中国未来发展方向的重大问题：中国是否还要大力发展工业？是否已经到了工业的历史任务已接近完成，作用将减弱，沿海发达地区已经越来越不适合于发展工业的时候，而必须转向主要依赖其他产业例如服务业来支撑经济发展的方向？浙江省处于中国改革开放的前沿，是中国率先推进工业化而达到较高经济发展水平的省份之一。浙江对未来产业发展方向的抉择，在很大程度上可以代表中国工业化进程的总体趋势。《浙江省工业化发展阶段分析及对策研究》中提出的观点和主张，反映了长期专注于中国经济发展和改革开放较发达地区的一些研究者，高度结合当地具体实际所做出的判断和提出的理论思考意见。

　　作者的一些观点同我一直主张的意见是非常一致的。例如，作者认为："工业化是现代化的必经之路，是发展中国家或地区实现经济持续增长和社会经济转型的必然选择；转型升级不是简单的去工业化，而是努力实现工业的高度化，进入高端产业和提升传统产业。""浙江虽已进入人均 GDP 7000 美元以上的阶段，但在今后较长的一个时期内，以制造业为主的工业仍然是浙江区域经济发展的主要驱动力量，也是其他产业的支撑性产业。""浙江区域经济当前所面临的突出矛盾和问题，是工业化总体发展水平不足的直接后果。解决这些矛盾和问题的根本途径，是坚定不移地推进工业化进程，而转型升级正是按照新型工业化道路的要求推进工业化进程的重大战略性举措。在今后较长的一段时期内，浙江仍然需要毫不动摇地加快工业化进程，大力提升工业经济在国内和国际上的竞争力和可持续发展能力，为浙江全面实施小康社会建设奠定坚实的基础。"

　　这些意见对于我可以说是"知音"之言，但是未必是人人同意的观点；

有些人甚至可能认为这样的观点已经不合时宜。他们说，现在工业的比重已经过高了，产能过剩已经相当严重了，资源环境也已经无法支撑工业的继续增长了。所以，像浙江这样的较发达省份，必须向主要依靠第三产业来支撑经济发展的方向转变。也就是说，东部地区的工业应该向中西部地区转移了。在我看来，对这一关系到中国未来产业发展方向的重大战略问题，我们一定要有清醒和科学的判断和认识。

工业是中国当前最重要和最具战略地位的经济部门。工业发展将中国推向世界第一制造业大国、第二大经济体和外汇储备最多国家的地位。工业是中国成为世界有影响大国最重要的经济基础，直接支撑着中国的国际地位。中国目前尚没有其他可与世界强国比试的战略性"法宝"。进一步做强工业是中华民族复兴最重大的战略任务和可行途径。

中国的根本性民生改善依赖于工业的更大发展。人均收入水平的国际比较表明，中国民生改善的经济基础仍然相当薄弱。中国工业尚没有具备解决所有重大经济社会和国家安全问题的充分能力。中国的最重要问题不是工业的过度扩张，而是现行工业技术还不足以保证更好、更快的发展和施展更大的国际影响力。所以，必须加快工业技术创新，为解决中国面临的重大问题提供基础条件和技术手段。中国未来将面临更为艰巨和棘手的国内和国际问题，亟须加快工业发展，特别是加快高端产业生成、尖端科学成果产业化和精致制造能力的培育。

建立强大工业国是我国的国际地位所决定的。建设工业强国不只是工业企业和工业管理部门的事情，而是全民族的伟大事业。工业强国不仅是物质生产领域的事情，也是整个国家的国民素质和民族精神问题。家庭应反思："望子成龙"是否包括成为优秀的技工和工程师？教育应反思：将教育资源更多投入培养实业人才，还是将受教育者脱离生产一线作为教育资源的主要投向？社会应反思：是使发达的制造业成为中产阶层的经济基础，还是让制造业成为低收入阶层的集聚地？①

现阶段，中国的核心实体产业是工业，特别是制造业。工业将以高于GDP的速度增长，至少保持10~15年，这是不以人的意志为转移的客观规律所决定的。特别重要的是，工业是技术创新的主要产业载体，没有发达的工

---

① 2009年中国制造业从业人员收入仅为全国平均水平的83%、金融行业的44%。而美国的制造业从业人员收入高出全国平均水平20%，长期以来制造业是美国中产阶层的主要产业基础。这也是制造业比重下降引发美国社会忧虑的重要原因之一。

业，科学发现和技术发明将失去实际意义。工业化的重要特点之一就是科学用于生产。科技促进发展首先体现为科学成果的工业运用。总之，建设创新型国家必须有强大的先进制造业。这正是美国因其制造业比重下降而担心，并提出重振制造业的主要原因。

在现阶段，实体经济特别是工业具有很大的发展空间和社会需要。中国一切重大经济社会和安全问题的解决都依赖于发达的工业，例如城市化、国土整治、基础设施建设、民生事业、文化发展、国防安全等。工业自身的结构提升和技术进步也有很大的增长空间。资源和环境约束虽然对实体产业形成了挑战，但不可能以不发展实体产业的方式解决资源环境问题。相反，只有更先进强大的工业才能应对资源环境压力。

当前，中国工业正处于进军世界先进制造业领域的关键阶段，机会只属于具有顽强拼搏意志和最具耐心的工业技术创新精神的国家。世界上只有少数国家能够达到高端制造业强国的境界。中国能否成为这样的国家，未来10~15 年是关键时期，我们绝不能错过这一战略机遇期。要承认，中国大多数地区的文化传统和社会观念并不适合于自发成为工业强国，[①] 所以，必须以国家战略的方式，推进工业强国富民进程。而绝不要以为，工业规模的扩张和在国民经济中的比重提高，中国就可以自然成长为工业强国。

一个特别需要深刻思考的问题是：从长远看，能够体现中国工业强大实力和国际水平的企业将产生于哪些地区，或者，哪些省份有可能成为集聚具有国际最高水平和最尖端工业制造能力企业的地区？要知道，反映工业最高水平的产业，例如飞机制造、高端装备制造等，我国同发达国家尚有几十年的差距。如果没有长期的坚忍努力，有些工业制造能力和水平很可能是永远也达不到的目标。中国必须有冲击这一目标的最先进的制造业基地。所以，中国要成为工业强国，最发达地区负有更重大的责任，它们应该成为未来先进制造业的成长地和长期集聚地，成为真正支撑中国国家实力的尖端工业核心区。长江三角洲地区包括浙江省，最有希望和条件成为这样的地区，关键在于我们是否有这样的战略意识！

（作者：中国社会科学院学部委员，工业经济研究所所长）

---

① 参阅李大钊：《东西文明根本之异点》，载《国学大师说国学》，云南人民出版社 2009 年版。

摘　要

　　工业化是实现经济发展的根本途径。先行工业化国家和新兴工业化国家的发展历史表明，若非土地或资源极度富余的国家，就不可能不通过工业化来实现成功发展。改革开放30余年来，浙江经济以农村工业化为起点，以市场化为导向，放手发展民营经济，实施产业集群化发展道路，工业经济实现了跨越式发展，为浙江区域经济快速发展奠定了良好的物质基础，为浙江经济社会发展走在全国前列，提供了有力的财富保障。可以说浙江经济社会30多年的发展，就是从农业经济为主导向工业经济为主导的发展历史，就是浙江工业化进程的缩影。面对工业化、信息化、城镇化、市场化、国际化的新的发展趋势以及国内外经济形势日趋复杂、环境资源约束日益加大、经济社会转型趋势逐渐加快的大背景，如何科学分析浙江工业化的发展阶段，准确把握浙江工业化过程中的矛盾和问题，采取有效措施，在未来30年走具有浙江特色的新型工业化道路、实现浙江经济转型升级发展，成为贯彻落实科学发展观、浙江省"八八战略"和"创业富民、创新强省"总战略过程中迫切需要研究的重大课题。

　　必须指出，浙江经济发展的内外部环境所发生的深刻变化以及探索浙江经济持续健康发展道路的内在需要，对浙江当前工业化进程与未来发展趋势的认识提出了新的要求。本书通过采用一系列评价指标，构建了当代工业化发展阶段评价体系，并应用其对浙江当前所处工业化发展阶段做出了明确判断；运用国际经验数据进行比较分析，阐明了工业化发展各阶段的要求；利用评价体系，对浙江工业化发展进行了序列分析、截面分析和区域结构分析，总结了浙江当前工业化进程的现状特点，揭示了浙江现阶段所面临的主要矛盾，提出了推进浙江工业化进程的对策建议。

　　本书综合运用发展经济学、古典经济学、新古典经济学和新制度经济学关于工业化的重要观点，在将工业化发展阶段区分为前工业化阶段、工业化实现阶段（工业化初期、工业化中期前半阶段、工业化中期后半阶段、工业化后期）和后工业化阶段的基础上，按照新型工业化的要求，构建了工业化发展阶段评价指标体系。指标体系包括水平、动力、质量三方面因素指标，其中水平因素反映经济发展水平和经济社会结构，动力因素反映信息化进程、科技进步水平和人力资源状况，质量因素反映工业经济效益和可持续发展能力，共包括 17 个具体指标。应用层次分析方法确定了各评价指标的权重；同时，基于大量现有研究成果与国际经验比较数据，设定了各评价指标在工业化各发展阶段的阈值水平。应用这一评价体系，研究发现：浙江省从"十一五"期初开始进入工业化中期后半阶段，并预计将在"十三五"期间进入工业化后期阶段。

通过应用国际截面数据与时序数据进行比较分析，本书从总产出和产出结构、增长的部门贡献结构、要素驱动特征和资源再配置效应等方面，对工业化各发展阶段的重要内在特征进行了分析。通过应用工业化发展阶段评价体系对浙江工业化进程的评价，并根据技术进步和产业结构变动对浙江经济增长的影响研究，研究发现，浙江经济在工业化进程中呈现出五个主要的现状特点：第一，总体态势好。当前浙江省工业化发展总体水平位居全国第五，仅次于北京、上海、天津和江苏，与广东工业化发展水平接近。其中，浙江工业化发展的水平因素、动力因素和质量因素在全国分列第四、第五和第十四位。第二，经济效益低。在近年来的浙江工业化进程中，工业经济效益是唯一呈现总体下滑趋势的指标类型，也是波动最大的指标类型，需要引起高度重视。第三，浙江全省各区域发展不均衡。环杭州湾地区已经步入工业化中期后半阶段并开始向工业化后期发展，温（州）台（州）沿海地区刚刚步入工业化中期后半阶段，而金（华）衢（州）丽（水）地区仍处于工业化中期前半阶段。第四，资本和技术双驱动特征明显。在全要素生产率研究框架下，劳动投入、资本投入和全要素三者贡献的相对高低分别对应着经济增长的劳动驱动、资本驱动和技术驱动特征。1995~2010 年，全要素生产率对浙江经济增长的贡献率为 43.4%，而资本要素投入增长贡献 44.3%，呈现出资本和技术双驱动的格局。第五，产业结构变动对浙江经济增长有一定积极影响。三次产业间的资源再配置效应的分析结果显示，1995~2010 年，在浙江的经济增长中，产业结构变动的年均效应约为 0.2%，对浙江经济增长的贡献约为 7.48%。

根据浙江当前工业化进程的阶段性要求与所表现出的主要现状特点，作者认为，当前浙江工业化发展过程中面临着四对主要矛盾亟待解决：一是工业经济效益持续下滑与经济可持续增长要求之间的矛盾；二是工业化发展的区域结构不均衡现状与相对均衡发展要求之间的矛盾；三是资本和技术双驱动特征现状与技术驱动特征阶段性要求之间的矛盾；四是产业结构变化对经济增长的积极影响较低的现状与它发挥重要积极作用的内在特征要求之间的矛盾。近两年，浙江明确提出了"工业现代化"的战略目标，这恰恰也是上述四对矛盾的解决之道。围绕这一目标，本书提出了优化产业结构，切实提升工业经济发展质量与效益；优化生产力布局，努力促进区域经济协调发展；建设创新型省份，大力提高自主创新能力；强化集群化发展，积极推进块状经济向现代产业集群升级；建设"智慧浙江"，积极推动信息化与工业化深度融合；强化智力支撑，努力提升人力资源开发利用水平；建设"生态浙江"，全面提升浙江经济可持续发展水平；培育企业核心竞争力，促进民营企业转型发展等对策措施。

本书还认为，在浙江现阶段工业化发展过程中，有七个基本观点特别值得强调并需要引起高度重视：第一，工业化是现代化的必经之路，是发展中国家或地区实现经济持续增长和社会经济转型的必然选择；转型升级不是简单的去工业化，而是努力实现工业的高度化，进入高端产业和提升传统产业。第二，浙江虽已进入人均 GDP 7000 美元以上的阶段，但在今后较长的一个时期内，以制造业为主的工业仍然是浙江区域经济发展的主要驱动力量，也是其他产业的支撑性产业。第三，大力发展战略性新兴产业是现阶段浙江调整产业结构的重点，要努力抢占技术创新的高端要素资源，着眼未来区域经济的竞争力，发展战略性新兴产业。第四，产业融合已经成为新时期的产业演变的重要途径，信息化和工业化融合、制造业与服务业融合、战略性新兴产业与传统产业融合等已成为产业发展和演进的重要途径。第五，工业化的实现方式多种多样，在浙江各地区的工业化进程中，应充分考虑发展阶段和区域环境特征的差异，在产业门类选择与产业组织方式上，要因地制宜，决不能搞"一刀切"、"齐步走"。第六，提高工业经济发展的质量和效益，直接关系到浙江经济增长的速度与质量。要积极引导浙江工业经济从"有速度"向"有效益"转变。第七，推动浙江民营企业加快建立真正意义上的现代企业制度，任重道远；大力提高民营企业产品、技术、资本的国际化水平，是浙江工业化进程中所面临的重要任务。

目　录

图目录

表目录

第一章 绪 论

改革开放 30 多年来，浙江经济以农村工业化为起点，不断推进市场化发展，放手发展民营经济，实施产业集群化发展道路，推动了浙江工业经济的持续、健康、快速发展，浙江工业化进程加速推进，为浙江区域经济快速发展奠定了良好的物质基础。

2008 年爆发的国际金融危机，为全球经济形势在未来一段时期内的走势带来高度不确定性，在一些经济发达国家，"再工业化"、"产业回归"等论调再次高涨。在国内，工业化、信息化、城镇化、市场化、国际化进程加快推进，而环境资源约束明显加大，"三转"（经济转轨、社会转型、产业转移）趋势加快。在这一背景下，如何保持浙江区域经济持续健康发展，走具有浙江特色的新型工业化道路，实现浙江经济转型升级，是贯彻落实科学发展观、浙江省"八八战略"和"创业富民、创新强省"总战略过程中迫切需要研究的重大课题。

浙江经济发展的内外部环境所发生的深刻变化以及浙江经济持续健康发展的内在需要，对浙江当前工业化进程与未来发展趋势的认识提出了新的要求。同时，从区域工业化发展的自身特点出发来发展区域经济，离不开对工业化进程各阶段内在特征的研究。本章综述工业化的概念与相关理论，总结工业化模式的国内外经验及其启示，阐述当代发展中国家所处的时代特征，并简单回顾我国与浙江省工业化的历程。

一、工业化与工业化理论

工业化（Industrialization）是一个国家用来实现提高物质生活水平的一个必要手段，是发展中国家实现经济增长和社会经济转型的重要途径（Lewis，

1955)。联合国工业发展组织在《2009 年度工业发展报告》中明确指出："工业化是实现经济发展的根本途径。除非是土地或资源极度富余的国家，才有可能不通过工业化来实现成功发展。"（UNIDO，2009）作为经济发展过程的一个历史阶段，工业化不仅表现为一个国家由落后的农业国变成先进的工业国的过程，而且还包含着经济增长量的扩张和结构变动所带来的生产力进步和经济发展的质的变化。

（一）工业化的内涵

作为一种经济现象，工业化早在 250 年前就已出现。尽管工业化一直是经济学、经济史学和现代经济发展理论所关注的重要问题，但"工业化理论并没有形成一个完整的科学体系……甚至对工业化概念也有天差地隔的解释"（龚唯平，2001）。现有的相关研究对工业化的定义采用了不同的视角。本书将典型的工业化定义的视角类型总结为表 1.1。

表 1.1　工业化定义的视角分类

视角	对工业化的定义	代表人物或文献
抽象视角	国民经济中一系列基要的（Strategical）生产函数（或生产要素组合方式）连续发生由低级到高级的突破性变化（或变革）的过程	张培刚（1949、1991）
	以不同的要素供给组合去满足类似的各种需求增长格局的一种途径	钱纳里（H. Chenery，1988）
制造业比重视角	制造业（尤其是重工业部门）在国民经济中的比重不断增加的过程	霍夫曼（Hoffmann，1958）；Sutcliffe（1984）；Weiss（1988）
非农产业比重视角	传统的资本主义部门—非资本主义部门的二元经济结构向现代一元结构转变的过程	刘易斯（Lewis，1954）；Fei 和 Rains（1961）；Todaro（1970）
非农产业比重视角	产品的来源和资源的去处从农业活动转向非农业生产活动	库兹涅茨（S. Kuznets，1966、1971）
	脱离农业的结构转变，即农业在国民收入和就业中的份额下降，制造业和服务业份额上升	撒克（S. Y. Thaker，1985）
生产工具视角	机器生产取代手工操作为起源的现代工业的发展过程	吕贝尔特（1983）
专业化分工视角	专业化分工不断加深和迂回生产链不断加长的过程。在这个过程中，商业化程度和贸易依存度增加，经济结构分散程度、市场一体化程度和生产集中度同时上升，企业制度和劳动力市场不断发展，生产力和人均收入增加	杨小凯（2003）

续表

视角	对工业化的定义	代表人物或文献
时空集聚视角	在产品空间、地理空间和时间上"呈聚块性特征"（Lumpy）发展的过程。在产品空间上呈现的聚块性特征（Lumpiness in Product Space），使得生产过程从产品生产向任务型生产（Task-based Production）转变，并将导致各国专注于制造活动中相对很窄的一个范围；在地理空间上呈现的聚块性特征（Lumpiness in Geographical space），使得生产地点分布表现为大量的产业集群；在时间上呈现的聚块性特征（Lumpiness in Time），使得"后来者"进入国际产业分工体系非常困难，可一旦经济体跨越了竞争力的阈值，其产业扩张可能是爆炸式的发展	Collier 和 Venables（2007）；联合国工业发展组织：《2009 年度工业发展报告》（2009）
综合性视角	一个过程。下面是一种明确工业化过程的一些基本特征。首先，一般来说，国民收入（或地区收入）中制造活动和第二产业所占比例提高了，或许因经济周期造成的中断除外；其次，在制造业和第二产业就业的劳动人口的比例一般也有增加的趋势。在这两种比率增加的同时，除了暂时的中断以外，全部人口的人均收入也增加了[①]	《新帕尔格雷夫经济学大辞典》（1996）

资料来源：作者整理。

根据本书的总结，工业化定义的主要视角包括：抽象视角、制造业比重视角、非农产业比重视角、生产工具视角和综合性视角。由于抽象视角的定义过于抽象，因此在工业化实证研究中，它们很难被转化为工业化的操作性定义。相对于其他视角，《新帕尔格雷夫经济学大辞典》的综合性视角定义被公认为目前最权威的工业化定义，它纳入了多数有影响力的研究对工业化本质特征的概括。

事实上，表 1.1 所归纳的不同视角下的工业化定义（除了以杨小凯为代表的新兴古典主义观点和联合国工业发展组织的时空集聚视角的观点外），尽

---

① 存在这样一种状况，即人均收入上升，全部人口中源自第二产业的人均收入也上升，但不论第二产业收入在国民收入中的比例，还是在这个部门就业的劳动力在总就业人口中的比例，只有很小的增长。……其他一些特征也常常与工业化或库兹涅茨成为"现代经济增长"的一种更普遍的过程相联系。这些特征包括以下几点：第二产业和第一产业的人均劳动生产率之间的差距不断缩小，最终非常接近；生产方法、新产品的式样在不断变化；生活在城镇人口的比例在提高；资本形成、消费等项开支所占的相对比例发生变化（《新帕尔格雷夫经济学大辞典》，1996）。

管涉及工业化的不同特征，但需要特别指出的是，这些相关特征大多数都源自英国的经验，更狭义地说是源自英格兰和威尔士的经验，因为英国是第一个实现了工业化的国家（《新帕尔格雷夫经济学大辞典》，1996）。不过，根据在20世纪初期之前已完成了工业化进程的国家的相关经验，这些经验仍具有一定的普遍意义。综合性视角的工业化定义一般被认为是对传统工业化的权威定义。在本书中，《新帕尔格雷夫经济学大辞典》的综合性视角定义被作为工业化的主要定义。

（二）工业化理论的演进

关于工业化的相关理论研究，尽管一直就没有形成一个完整的理论体系，但从古典经济学开始，就已经形成了关于工业化的一些重要观点和思想。随着新古典经济学与发展经济学的兴起，工业化理论也获得长足的发展。在新制度经济学兴起后，有关工业化的一些观点和思想得到了进一步发展。

1. 古典经济学时期的工业化观点

威廉·配第（W. Petty，1662）从比较利益角度对生产要素从农业部门向工商业部门转移进行了回答。他认为，工商业部门具有比农业部门更高的比较利益，因而将农业部门的生产要素转向工商业部门是合理的。亚当·斯密（A. Smith，1776）从专业化分工的角度对农业部门和工商业部门之间的生产要素转移进行了论述。他认为，工商业部门的专业化水平较农业部门高，因而将生产要素从农业部门转向工商业部门，能较大地提高生产率，促进经济发展。李嘉图（D. Ricardo，1817）则从边际生产率差异的角度论证了工业化的规律。他认为，由于工商业部门不像农业部门那样受土地供给及由此导致的劳动投入边际生产率递减规律的严重约束，具有较高的边际生产率增长空间，因而农业部门的生产要素具有转向工商业部门的趋势。

李斯特（F. List，1841）从人口与土地的矛盾角度回答了工业化的动因。他根据马尔萨斯（T. R. Malthas，1798）的人口增长理论和李嘉图（1817）的土地边际生产率递减理论，认为越来越多的农业人口对有限耕地形成了压力，发展非农产业、推进工业化是缓解人地矛盾的出路。他还论证了制造业发展有利于经济发展。

2. 新古典经济学和发展经济学时期的工业化观点

在新古典经济学和发展经济学时期，工业化的理论渊源一般认为可分为两种主要学派：结构主义学派和新古典学派（李特尔，1982）。无论是研究的出发点还是研究的侧重点与分析方法，两大学派都存在很大差异，并在政策建议方面存在显著分歧。

不过，正如钱纳里等（1989）所指出的，结构主义观点和新古典观点的最重要区别，体现在它们的全部假设上，而不是体现在任何其他方面。新古典理论假设，无论从生产者还是从消费者的观点看，资源都存在着长期的有效配置（帕累托最优化）。在任何既定时点，部门间劳动和资本的转移不可能增加总产出，资源的重新配置仅仅发生在经济扩张时期。相反，结构主义观点没有假定充分的最优资源配置。其结果是，劳动和资本使用在不同的方面，收益可能出现系统偏差。

（1）结构主义学派的观点。结构主义从结构变化角度考察了工业化乃至经济发展。李特尔（1982）认为，结构主义最大限度地弱化了发展中国家政府将价格政策作为有效政策工具的作用，即发展中国家仅仅依靠市场价格机制，并不能有效地实现经济结构的转换，要实现工业化，应以强政府干预取代市场机制，实施进口替代，才能实现工业化。其基本观点为：①经济发展过程实质上就是经济结构发生重大转型，使工业尤其是制造业发挥日益重要作用的过程。②价格机制在经济发展过程中难以作为资源配置手段发挥主导作用，政府应通过制定经济发展计划，采取各种强制措施实现资源配置，以实现经济结构转换。③发展中国家要努力减少初级产品出口，增加工业制成品出口。而要实现贸易结构的转换，政府要采取措施对本国工业实施其必要的保护。

19世纪40~70年代，结构主义学派对工业化理论的发展做出了贡献，并为发展中国家的工业化战略提供了理论依据。结构主义学派的工业化发展学说主要包括以"出口悲观论"为代表的出口替代战略理论、连锁反应理论、专业化分工的外部经济性理论等。

结构主义学派针对发展中国家工业化进程中面临的国际贸易环境，提出了"出口悲观论"观点。该观点认为，由于传统初级产品的需求弹性低，出口不仅不能带动国内经济增长，甚至还会出现出口贫困增长的现象；而发展中国家工业化水平相对较低，大规模向发达国家出口工业制成品又脱离实际，因此，必须建立面向国内市场的新兴制造业，使经济发展立足于国内市场，成为合乎逻辑的一种战略选择。同时，由于发展中国家的新兴制造业具有高成本的特征，实施高贸易保护政策被认为是理所应当的。

连锁反应理论对工业化理论的贡献在于通过对连锁反应的度量、测定不同投资模式的经济结果，从而确定经济扩张的最佳路径。结构主义学派经济学家通常强调，工业部门的连锁反应强于其他部门的连锁反应，并以此阐明了发展中国家进行工业化的必要性。赫希曼（Hirschman，1958）将产业间生产的连锁反应区分为两种：前向连锁反应和后向连锁反应。前向连锁反应是指产业对其用户的连锁反应，就是通过供给而与其他经济部门产生联系；而后向连锁反应是指产业对其供应商的连锁反应，即通过需求而与其他经济部门产生的联系。上述连反应锁反映了产业之间的相互依赖关系，通过连锁机制，某些外部性得以传导。赫希曼主张政府集中投资于工业总是要比投资于农业更能使经济快速稳健地发展。

杨格（Young，1928）、卡尔多（Kaldor，1966、1967）从专业化分工、生产率提高角度对制造业在发达国家经济发展中的作用做了较为全面的分析。分析表明，制造业生产率提高的关键要素是随着市场的扩张，制造业的专业化分工不断细化，市场不断扩大，使厂商间的专业化与差异化加深，复杂的投入品供应网建立起来。随着制造业本身的发展，厂商就可获得专业化分工带来的利益。制造业具有很强的循环连锁性，通过直接或间接的前、后向连锁反应，导致产业内的劳动分工、生产专业化发展空间巨大，从而对经济产出强大的经济外部性。

总之，在结构主义理论中，制造业被作为经济增长的"引擎"。通过制造业的发展深化，细化部门的劳动分工，促进部门劳动生产率的提高，而产业的中间品需求可以强化其他部门的劳动，提高其他部门的劳动生产率，进而提高国家的工业化程度。

（2）新古典学派的观点。从20世纪60~70年代开始，相对于结构主义学派观点，新古典学派的工业化观点相对更为盛行。新古典学派对发展中国家工业化战略的选择做了主要阐述。一方面是政府干预，认为政府干预会扰乱市场的运行机制，使工业化偏离经济效益的轨道；另一方面是关于对外贸易模式，认为进口替代工业化政策忽视了基于比较利益基础上的专业化分工，从而大大提高了工业发展的成本。钱纳里（Chenery，1988）通过研究得出结论：在国内需求变化、投入产出关系变化、对外贸易模式这三大决定工业化模式与进程的因素中，前两者有很强的一致性，而对外贸易模式上存在着极大的差异，正是对外贸易模式的差异，才使各国的工业化道路与工业化效果差异巨大。

与结构主义学派推行的进口替代贸易模式相反，新古典学派推崇的贸易模式是出口导向模式。根据进口与出口在经济发展地位上的差别以及进口与出口主导产业的更替，对外贸易发展模式分为四个阶段模式：初级进口替代→初级出口导向→高级进口替代→高级出口导向。发展中国家工业化进程中专业化分工格局、市场取向的变化是十分复杂的序列，不同国家完成上述贸易模式转换的时间、速度、方式等存在较大的差异。从一个发展阶段向下一个阶段的演进，受到诸多因素的限制，如一国的资源禀赋、国内市场规模、技术水平、出口市场前景、就业政策、政府宏观调控目标等因素，因此，上述关于贸易模式转化序列描述对于发展中国家理性选择贸易—工业化发展战略具有重要的参考价值。总之，新古典学派认为，政府干预只能是暂时的、短效的，一旦贸易模式进入预定的轨道，就应依靠市场机制，依据经济发展的内在逻辑，转换贸易模式，实现工业化的推进。

（3）结构主义观点与新古典观点的综合。钱纳里（Chenery，1986）总结了有关增长理论的新古典主义观点和结构主义观点，见表1.2。在内部需求和外部贸易变动的情况下，商品和要素的高替代弹性，以及对市场信号的迅速反应，都有助于维持均衡。新古典主义理论假设的是经济制度有足够的灵活性以维持均衡价格，而结构主义观点则认为，存在着一些使完全调整成为不可能的条件。产生非均衡现象的原因之一是劳动市场的两重性，这种两重性在许多发展中国家表现得尤为突出，原因是人口增长过快，不可能为国民经济的高生产率部门全部吸收。由于发展中国家经受较大的非均衡冲击和程度较高的非均衡市场约束，因而这种潜力在发展中国家可能更大。何况，发展

表 1.2 有关增长问题的新古典观点和结构主义观点

	新古典观点	结构主义观点
假设	• 所有部门的要素收益都等于要素的边际生产率 • 不存在规模经济 • 有完全的预见性，所有市场持续均衡	• 内部需求随收入水平而变动 • 外部市场受约束，调整滞后 • 生产结构转变导致要素市场非均衡
经验含义	• 需求和贸易的替代弹性较高 • 部门分解的需要有限	• 价格弹性低，调整滞后 • 要素市场呈现分割状态 • 采用新技术迟缓
增长因素	• 资本积累 • 劳动质和量的提高 • 中间投入增加 • 部门全要素生产率增长	• 新古典因素加上资源再配置 • 规模经济与干中学（Learning by Doing） • 内外部"瓶颈"减少

资料来源：H. 钱纳里、M.赛尔全因：《结构转变的典型类型》，上海三联书店1989年版。

中国家还可以利用来自发达国家的技术。这两种因素可以说明正在实现工业化的国家经济增长加速的原因。因此，结构调整和资源再配置，是发展中国家经济快速增长和发展的重要途径。

总的说来，结构主义观点强调国民经济部门之间的区别，这种区别可能阻碍新古典理论所描述的对资源配置的均衡调整。因此，钱纳里等人认为，新古典学派和结构主义学派的工业化观点分别适用于工业化发展程度不同的国家或地区。

3. 新制度经济学兴起后的工业化观点

自 20 世纪 70 年代以来，经济学一直没有将工业化作为研究重点，其原因主要有两个方面：一是发达国家大多已完成了工业化，面向发达国家的经济学主要关心的是后工业社会的问题；二是许多发展中国家在 50~60 年代西方发展经济学工业化理论的指导下，并没有取得预期的效果（刘世锦等，2006）。

在这种背景下，西方主流经济学基本不涉足工业化研究，发展经济学则除了钱纳里和赛尔奎因、瑟尔沃（A.P. Thirlwall）等人做一些实证研究外，大多在对原来的工业化理论进行反思甚至回避研究工业化问题，日益时兴的新制度经济学也很少正面研究工业化问题。即便如此，仍然有一些发展中国家的经济学者在探索新的工业化理论。

曾对农业国工业化理论做出过开拓性贡献的张培刚教授，自 20 世纪 80 年代后期以来，带领一批中国的年轻学者，在吸收新制度经济学等经济学最新研究成果的基础上，对其与西方显著不同的工业化理论进行了发展，形成了以工业化理论为主线的新发展经济学理论框架。

以杨小凯为代表的"新兴古典经济学"研究群体，在继承斯密、杨格等人的专业化分工思想的基础上，从专业化分工角度对工业化理论进行了新的阐述。他们认为，工业化过程也就是专业化分工不断加深以及迂回生产链不断加长的过程，而专业化分工不断加深和迂回生产链不断加长取决于分工网络大小和相关市场容量，取决于交易效率的高低，而交易效率的高低又取决于产权制度和交易制度的完善。

二、工业化模式的经验与启示

在相关的国外文献中，经济发展模式通常被视为经济发展道路，它反映了一个国家或地区经济发展的轨迹及结构的转换，也就是一国或地区经济发展历程的描述。因此，经济发展模式是指在一定时期内和一定条件下以经济增长为前提和基础的经济发展特征，反映了一国或地区在一定时期内的经济发展状况和经济运行规律，是国家和地区经济发展的指向。工业化模式是指一个国家或地区在经济发展道路上如何协调各种与发展相关的各种要素，并由此形成的各种工业化特色。在发展经济学研究领域内，不同的学者对工业化发展模式的理解存在一定的差异。这些不同的理解可以被归纳为三类，即经济结构的变化（如钱纳里—赛尔奎因标准结构转换模式、库兹涅茨增长模式等）、工业化类型和工业化途径等。总的说来，工业化模式是指对经济发展过程中经济结构变化特点、变化方式、外部条件和环境的影响所作出的系统化描述。

（一）工业化模式的国际经验与启示

当英国完成了其工业化过程时，世界主要发达国家都已经开始推进工业化进程。至19世纪末，西方主要发达资本主义国家与日本等国已基本完成了其工业化过程。进入20世纪后，苏联与东亚和拉美等地的新兴经济国家也开始步入工业化时代，并在较短时间内走完了西方上百年的工业化历史阶段。由于各国的国情以及所处的时代特征的差异，这些先行工业化国家所采用的工业化模式也不尽相同。本书将先行工业化国家的典型工业化模式简单地概括为表1.3。

通过对工业化模式国际经验的回顾，可得到如下一些启示：

（1）先行国家工业化起步正处于资本主义生产方式的产生和自由竞争之时，工业化过程主要是由一个充满冒险精神和追逐利润的中产阶级发动和推动的，是自发的，而不是由政府推动的。而后起的工业化国家，由于市场经济并不发达和缺乏有创新精神的中产阶级，政府不得不在协调经济行动、合理配置资源等宏观调控方面发挥较大作用，甚至直接经营企业。

表 1.3　国际典型的工业化模式

典型的工业化模式	代表性国家或地区	主要特点	工业化加速发展的主要年代
自由放任模式	英国	①无外力推动，市场自发推动。②结构转变周期长、产业关联度大并依次推进。③工业化的推进与社会经济、政治、文化等变化和现代化的进程几乎同步。④工业化过程遵循正常的产业结构演进规律	18 世纪 30 年代~19 世纪 30 年代
	美国	①建立了分散的市场工业化模式。②创立了新的工厂体制。③实施了通用制；④培养了一批企业家队伍	19 世纪 20~60 年代
市场加计划模式	法国	①国家政权与市场力量共同发挥作用。②工业化过程中推进了政治民主化进程	18 世纪 90 年代~19 世纪 60 年代
政府主导模式	德国、日本	①充分发挥后发优势。②企业卡特尔化在工业化过程中充当重要角色。③通过提高科教水平促进工业化。④借助于外力完成社会和政治方面的彻底现代化	19 世纪 40~70 年代（德）；19 世纪 80 年代~20 世纪初（日）
中央高度集权模式	苏联	①社会经济调节的高度计划性。②优先发展重工业，轻工业和农业落后。③以粗放型的经济增长为基础。④造成了生态环境的严重破坏	20 世纪 20~40 年代
新兴经济体发展模式	亚洲"四小龙"	①分阶段实施"进口替代战略"和"出口导向型战略"。②采取政府主导型的开发战略。③采取积极引进外资政策。④采取不均衡增长战略	20 世纪 60~70 年代
	拉美新兴经济体	①在最初阶段实施了进口限制政策。②政府投资活动遭遇到通货膨胀和国际收支危机。③社会革命的威胁由一些通常得到美国默许和支持的独裁政权加以对付	20 世纪 30~80 年代

资料来源：根据 Kanatsu（2007）、张培刚（1984、1991）、郑海天（2004）、郭俊华（2005）等相关资料整理。

（2）先行工业化国家对新技术的发明、创造及与工业化相适应的生产组织形式、管理方式无任何经验可供借鉴，只能依赖于自己的长期探索，工业化的时间较长，而后工业化国家发挥自己的后发优势，通过模仿学习，引进国外先进技术，吸取先行国经验，改进组织形式、管理方式，工业化所需的时间大大缩短。

（3）先行工业化国家都是由发展劳动密集型产业逐渐地向资本、技术密集型产业迈进，即先发展消费品工业，再发展资本品工业。而后起国家工业化过程中，一开始就具有优先发展资本品工业的倾向，把战略重点放在重工业和军事工业上。这样虽然缩小了与先行工业化国家的技术差距，但普遍出现了二元经济结构。

（二）工业化模式的国内经验与启示

我国在进入改革开放时代后，在国内的某些地区率先抛弃我国传统的工业化道路，并开始探索全新的工业化模式。大致来说，国内部分地区典型的工业化模式见表1.4。

表 1.4　国内典型的工业化模式总结

典型的工业化模式	代表性地区	主要特点
温州模式（温台模式）	温州、台州	①在市场机制基础上，以非公有制为主体，通过民间力量自发形成的。②主要依靠市场和民营企业，其工业化进程是渐次推进的，产权关系明晰。③具有明显的内源性特征。④政府采用的是积极不干预政策
苏南模式	苏南	①政府在引导农村工业化方面起着主导作用。②依赖于内向型经济起步。③以产业结构较低的加工业逐渐向高级过渡。④市场化程度低
珠三角模式	珠江三角洲	①毗邻香港的优越地理区位，以深圳为龙头的区域计划效应和扩散效应。②以出口导向和发展外向型经济为主，由市场推动工业化进程。③主要依靠大中型企业推进，产权关系较为明晰。④资本主要来源于资本市场化。⑤政府采用扶持但不干预的政策，配套体系完善
中关村模式	北京中关村	①由技术推动工业化进程。②主要依靠院校科研体系推进，产权关系很不明晰。③资本主要来源于银行贷款或单位拨款。④政府积极干预，但配套体系并不完善

资料来源：根据庄晋财（2004）、辜胜阻（2004）、郭俊华（2007）和朱厚泽（2004）等相关资料整理。

在国内工业化模式中，除了表1.4中的四种模式，还有包括东北模式等其他模式也被一些学者所提及。东北模式是一种典型的传统计划经济时代下的工业化模式，它是计划经济时代的产物，其主要特征包括：①完全依赖于政府推动。②具有行政指令性、外源性和嵌入式特征。③产品为外部国家需求生产，不以市场机制为基础。④大工业与地方经济无法融合，排斥社会参与。通过对上述工业化模式国内经验的回顾，可得到如下一些启示：

（1）遵循工业化发展的一般规律与本地区的实际情况相结合。上述国内典型工业化模式都遵循了工业化过程的一般规律，起初由于资本积累较少、技术水平低等因素的影响，首先从加工组装的轻工业和劳动密集产业起步，逐渐完成资本积累，逐步提升产业结构，再向技术密集型、资本密集型产业发展。

（2）充分发挥比较优势是选择适合本地区发展模式的基本前提。从这些模式可以看出，不同地区的区位、发展基础、资本积累来源都是不同的，其发展模式和发展战略都存在很大的不同。即使在同一类地区，由于区位和资源禀赋的差别，导致其发展模式的多样性和明显的差异性。而这些差异都是各地因地制宜、发挥本地比较优势和人才优势（包括企业家冒险精神）的必然结果。因此，在工业化进程中，应当学习和借鉴发达国家、发达地区发展的成功经验和技术，吸收、消化、创新，但决不能照搬照抄、盲目模仿，必须根据本国或地区的实际情况，探索和创立适合本国或地区的发展模式和发展道路。

（3）发挥本地区的产业集群和规模效益的作用，提升产业竞争力和产品竞争力。这些模式历史发展过程表明，实行专业化分工协作，不断改进工艺技术水平和使用先进设备，不仅可以提高劳动生产率，而且可以提高产品的技术含量和附加值，促进产业结构升级换代，提高产业的核心竞争力和产品的竞争力。

（4）应从全球经济一体化的高度与综合要素的比较中选择主导产业。从这些地区的发展可以看出，主导产业的选择与发展已不局限于本地区，而是从国外国内两个市场以及经济全球化的高度来选择、发展主导产业；也不仅仅局限于自然资源来选择和发展主导产业，而是从技术、信息、资金、知识、劳动力和自然资源的综合比较中选择和发展主导产业。基础这种认识的创新，使长江三角洲和珠江三角洲都已高速度的经济发展大大推进了工业化、现代化的进程，都先后走向与世界接轨的外向型经济。

（5）政府在经济发展过程中的作用成为工业化模式选择的一个十分重要的关键因素。在国内几种典型工业化模式实施地区，地方政府在工业化的发展过程中采取了很不相同的政策和态度。

三、当代发展中国家工业化所处的时代特征

工业化是各个国家经济发展无法跨越的历史阶段，但是各国实现工业化的发展模式却有所不同，特别是发展中国家，由于实现工业化的基础、时代背景和技术环境等方面的不同，在实现工业化的道路上，既遭遇到了先行工业化国家前所未有的困难和挑战，也面临着先行工业化国家所没有的机遇。总的说来，当代发展中国家工业化所处的主要时代特征包括：信息技术的迅速发展、现代服务业等新产业形态开始涌现并迅速占有重要地位、国际产业分工的进一步深化、可持续发展压力日益增强，以及社会就业压力逐渐加大。

（一）信息技术迅速发展

由于世界科学技术，尤其是信息技术的迅速发展，已经实现工业化的发达国家正逐步步入信息化社会，再加之科技经济的全球化发展趋势，使得未实现工业化的发展中国家失去了继续按照过去发达国家实现工业化的道路去实现工业化的机会。无论发展中国家处于工业化道路的什么阶段，都不同程度地受到现代科技和全球信息化的影响。发展中国家不得不修订其现代化目标和战略，在原有现代化目标上加上信息化的目标，使之与全球信息化发展趋势统一起来。

（二）现代服务业等新产业形态开始涌现并迅速占有重要地位

传统工业化理论所揭示的"发达国家＝工业国家"基本规律已经与当代世界经济发展状况不太相符。由于信息社会或后工业化社会的到来，主要发达国家的第三产业比重逐渐上升，第三产业所占 GDP 的比重超过 50%，而制造业比重已经降到 GDP 的 30%以下。这表明服务业已经不仅是吸纳剩余劳动力的产业，而且已成为发达国家的主要经济支柱。另外，由于现代生产已不仅仅是提供物质产品，而是将大量系列服务和物质产品结为一体，所以，现代服务业发展水平对制造业竞争力的提高和发展至关重要。因而，现代发展中国家推进工业化进程不能单纯依靠工业的发展，还必须重视发展现代服

务业。

（三）国际产业分工的进一步深化

传统工业化理论中的梯度发展理论，即"雁行模式"认为，后起发展中国家应该利用产业的生命周期和国际分工中的比较优势，通过国际产业的发展层次和替代来发展经济。但任何一个发展中国家都不希望这种"雁行形态"固化，都企图打破这种形态而实现超越式发展。尤其是中国，经过20余年经济高速发展进入了工业化中期阶段，已经奠定了相当雄厚的工业基础，因此需要从战略角度思考如何突破现实国际经济分工、通过技术创新实现中国工业从数量扩张向质量提高的转变，从而实现跨越式发展。

（四）可持续发展压力日益增强

传统的工业化过程是以牺牲自然资源和环境为代价的，而进入21世纪后，发展中国家在制定经济发展战略时，必须吸取这些教训，对可持续发展因素给予充分的重视。在世界银行所发布的《增长的质量》报告中，对于仅依赖GDP增长作为衡量进步的标准提出了质疑，并提出促进经济增长的政策与普及教育、加强环保、提高生活水平并重。对于中国这个人口数量庞大但人均自然资源占有量比较低的国家而言，其工业化进程给国土、资源、生态和环境所造成的巨大压力是任何其他国家所没有的。所以，在推进工业化进程中，保护环境、珍惜自然资源就更为重要。

（五）社会就业压力逐渐加大

发达国家在工业化过程中出现资本替代劳动的现象，是在就业得到比较充分的实现、劳动力成本上升以后才开始的。发展中国家的工业化，则面临转移农业劳动力和提高生产率与国际竞争力的双重任务。安妮·克鲁格在发展中国家的贸易与就业方面进行了深入的研究，并提出"当一种贸易战略能够促使所有产业和企业选择那些劳动密集型的技术的同时，也就相应地提高了整个经济的就业水平。"而世界银行的研究表明，从经济发展的实践看，亚洲新兴工业化国家和地区很大程度上得益于重视教育和培训等人力资本投资政策。

四、中国与浙江省工业化历程回顾

（一）中国工业化历程的简单回顾

1. 从落后经济至工业化初级阶段（1953~1978 年）

尽管中国的传统工业化历程最早可以追溯到清末的"洋务运动"，但一般认为，中国的传统工业化历程始于 1953 年开始的国民经济发展第一个五年计划。通过实行"优先发展重工业"的战略，中国选择了重化工业起步的超常规道路。1953~1978 年，中国初步构造起了独立、相对完整的工业体系，工业化进程也由起步阶段逐步进入了工业化的初级阶段。

由于缺乏工业与其他产业的协同发展机制，形成了重工业增长自我服务和自我循环的局面，导致了"重工业重、轻工业轻"的结构性缺陷，轻工业及其他产业严重落后，表现出"高积累、低消费、低效率"的特征。消费品严重短缺，消费需求受到严格抑制。国民经济因结构矛盾而缺少稳定、持续的增长能力。此外，以计划经济为体制背景的统购统销和户籍制度分别扭曲地将资本和劳动力集中分配于城市和乡村，城乡二元割据的形成导致中国工业化与城市化、农业与非农业产值结构和就业结构的严重失调。

2. 轻重工业均衡化发展阶段（1979~1992 年）

20 世纪 70 年代末，为解决严重的结构矛盾，中国开始工业化战略的重大调整，放弃了单纯发展重化工业的思路，注重以市场需求为导向，采取消费导向型的工业化发展战略，以纠正扭曲的产业结构。在需求导向型的工业化战略下，居民消费结构的变化、升级对产业结构的演进以及在一定时期高增长产业的形成，其作用是明显的。自 20 世纪 80 年代中期开始，中国兴起了一股农村工业化潮流。城市工业化与农村工业化的双重工业化格局，改变了以往的工业化与城市化割裂的局面，形成了工业化与城市化相互促进的交互关系，极大地加速了工业化和城市化的进程，也推动了第三产业的发展。

这一阶段工业化的基本特征是，结构失衡的状况在不断纠正中趋于均衡，资源配置方式由单纯的计划手段转向计划手段与市场调节相结合，由封闭经济开始走向开放经济，工业化的总体进程也由工业化初级阶段向工业化中期过渡。在这一阶段还形成了两个长期机制：一是需求导向型的工业化发展战略的确立，以消费结构的升级推动产业结构向高度化方向发展的工业化思路逐步清晰并贯穿于今后的工业化进程中；二是工业化与城市化的互动机制初步形成，使越来越多的农民和农村地区加入到工业化中。这一时期也出现了新的结构性矛盾，即加工业的超高速发展后，在20世纪80年代末和90年代初，出现了能源、交通、原材料等领域的紧缺，基础工业和基础设施成为制约国民经济发展的瓶颈。

3. 产业结构调整阶段（1993~2000 年）

从20世纪90年代中期开始至20世纪末，中国工业化进程发生了一系列深刻的变化，并出现了成熟经济的各种现象。其主要标志是：一般的工业生产技术特别是加工工艺广泛扩散，产量迅速增长并接近最大化均衡状态，利润率降低，产业集中化加快并出现生产能力过剩现象。消费结构的明显升级并由此推动产业结构向高度化的演进，是这一时期突出的特点。在这一时期，中国开始告别了短缺经济。尽管告别短缺是工业化的必然结果，但它使得在短缺经济条件下依靠数量扩张、扩大生产能力的外延式发展的后遗症凸显出来，结构性矛盾深入到技术结构、产品结构、企业结构等更深的层次。这一时期的工业化特征是：开始参与国际分工和国际竞争，工业经济的国际化初具雏形；国内市场和国际市场开始趋向一体化。

4. 工业结构升级阶段（2001 年至今）

至20世纪末，中国大部分地区的产业结构调整阶段暂告一段落，即农业产业产值的比重已基本下降到了较低的水平，第二产业与第三产业的产值比重达到了较高水平。不过，工业结构的层级还相对较低，特别是重化工业的增加值占总工业增加值的比重还较低。进入21世纪后，中国的大部分地区已开始致力于工业结构升级的历程，大力推进重化工业的发展，并使得制造业增加值占总工业增加值的比重逐步上升。中国的工业增长又开始明显地转向以重工业为主导的格局，使当前的工业化出现了重化工业的势头。到目前为止，中国的工业结构升级已取得了较大的成绩，不过工业结构升级过程仍未完成。此外，中国的多数地区的服务业产值比重相对还是较低，产业结构的深层次调整过程仍在继续当中。这一时期的工业化特征是：较深入地参与国际分工和国际竞争；以不断降低关税和有管理的浮动汇率等方式，继续推进工业经济的国际化；加强农业基础地位，增强农业国际竞争力。

（二）浙江省工业化历程的简单回顾

1. 从落后经济至工业化初级阶段（1953~1978 年）

在改革开放以前，由于中国长期实施计划经济体制，全国的工业化模式几乎一样，这一时期浙江省的传统工业化进程与全国传统工业化进程基本相近。1978 年，浙江省工业增加值占 GDP 的比重为 38.0%。不过，与全国绝大多数省市有区别的是，浙江省的轻工业基础自新中国成立以来就一直较好，而重工业基础则明显薄弱。至 1978 年，浙江省的轻工业增加值仍占总工业增加值的 60.2%。然而，由于经济体制的缘故，全国工业化进程中的一些缺陷在浙江省同样存在。在浙江省，市场流通的消费品较为短缺，消费需求受到严格抑制。此外，城乡二元割据格局也非常明显，并同样导致工业化与城市化、农业与非农业产值结构和就业结构的严重失调。

2. 产业结构调整阶段（1979~2000 年）

改革开放以来，浙江省的轻重工业比例也不断地有所变化，但直至 2003 年，轻工业比重仍然高于重工业比重。因此，可以认为浙江省并没有经历全国工业化历程中的轻重工业均衡化发展阶段。总的说来，1979~2000 年，浙江省基本上处于产业结构调整过程中，特别是第一产业产值的比重持续下降，第一产业产值比重从 1979 年的 42.8% 持续下降到 2000 年的 10.3%。同期，第二产业产值比重从 1979 年的 40.6% 持续上升到 2000 年的 53.3%，其中，工业增加值比重从 1979 年的 35.2% 持续上升到 2000 年的 48.0%。在这一时期，浙江省产业结构的初级调整已初步完成，但服务业产值比重仍有待进一步提高。此外，至 20 世纪末，工业结构的层级还处于较低层次，2000 年，浙江省的制造业增加值比重仅为 35.4%。

3. 工业结构升级阶段（2001 年至今）

与全国其他许多地区一样，浙江省的工业结构升级也是在步入 21 世纪后才真正开始推进工业结构的升级。从 2000 年开始，浙江省的制造业增加值比重开始迅速上升，并对浙江省工业化进程所起到的推动作用也越来越大。2000~2010 年，制造业增加值比重从 22.51% 持续上升到 42.58%。此外，在这一时期，浙江省的产业结构调整继续深化，农业产值比重从 2000 年的 10.3% 持续下降到 2010 年的 4.9%，服务业产值从 2000 年的 36.41% 持续上升至 2010 年的 43.51%。

五、研究方法与内容结构

（一）研究方法

1. 理论研究方法

本书借鉴了诸多理论作为基础。特别是关于工业化的理论观点中，作者借鉴了发展经济学、古典经济学、新古典经济学、新制度经济学的关于工业化的思想与观点。另外，在本书的第五章中，主要应用了新古典增长理论中关于全要素生产率（TFP）相关理论，以及发展经济学中关于资源再配置效应（TRE）的相关理论。在理论研究过程中，主要应用了文献研究方法。

文献研究主要是指在研究目标和研究问题的引导下，对相关文献和资料进行系统的检索、阅读、归纳、总结和提炼国内外已有的相关主题的研究成果，并在此基础上，构建研究思路或相关命题等，为进一步的调查和实证研究提供基础。

本书所应用的文献研究方法主要是文献述评。在本书的许多章节中都应用了文献研究方法：在第一章中，对工业化的内涵、工业化理论、工业化模式的经验进行了述评；在第二章中，对工业化发展阶段划分的经典理论进行了回顾，并在对工业化各发展阶段的特征分析中总结了关于工业化的国际经验比较研究；在第三章中，回顾了中国新型工业化水平评价的相关研究；在第五章中，对全要素生产率（TFP）的相关研究进行了述评；在第六章中，回顾了制造业主导产业选择与产业融合等相关研究。

2. 实证研究方法

实证研究方法是本书所采用的主要研究方法。在本书中，实证研究方法包括调查访谈和数据分析与处理。其中，数据分析与处理是本书所使用的主要的实证研究方法。

在本书构建工业化发展阶段评价体系的内容中，对评价指标的选取上，不仅采用了文献研究方法，还通过调查访谈方法，吸收了诸多专家学者、政府部门工作人士与一些企业界人士的观点。同样，在关于浙江省现阶段工业化进程中对制造业主导产业选择等相关问题上，也吸收了各界人士的许多思想与观点。

数据分析与处理是本书所采用的主要实证研究方法。在第三章中，应用了因子分析方法；在第三章与第四章中，主要应用了层次分析方法（综合评价方法之一）；在第四章中，采用了聚类分析方法；在第五章中，应用了多元回归分析等方法或技术。

从理论研究方法与实证研究方法的角度，表 1.5 总结了本书各章中所应用的一些主要研究方法。

表 1.5 本书中应用的主要研究方法

章目	所采用的主要研究方法	对应的主要研究内容
第一章	● 文献研究方法	工业化概念、工业化理论、工业化模式的国内外经验述评
第二章	● 文献研究方法	工业化发展阶段的划分理论回顾
	● 比较研究方法	基于国际经验比较的工业化内在特征分析
第三章	● 文献研究方法	中国新型工业化水平研究回顾
	● 因子分析	工业化发展阶段评价指标的选取
	● 层次分析	工业化发展阶段评价指标的权重确定
	● 调查访谈	工业化发展阶段评价指标的选取
第四章	● 聚类分析	工业化发展阶段评价体系的合理性分析
	● 多元回归分析	浙江工业化未来 10 年发展趋势预测
第五章	● 文献研究方法	全要素生产率的相关研究述评
	● 多元回归分析	全国与浙江省 TFP 与 TRE 估计
第六章	● 文献研究方法	制造业主导产业选择与产业融合现象
	● 调查访谈	浙江现阶段制造业主导产业的选择与区域环境分析等

（二）内容结构

图 1.1 描绘了本书的章目结构安排。

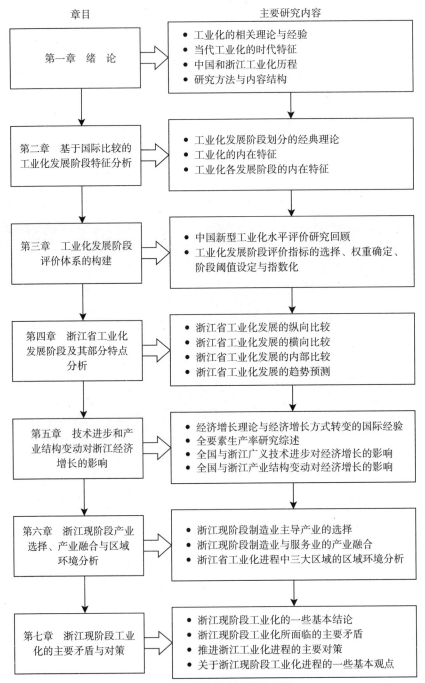

图 1.1　本书的章目结构安排

第二章 基于国际比较的工业化发展阶段特征分析

一、工业化发展阶段划分的经典理论视角

由于学者们对工业化概念的理解以及他们所处的时代背景有所不同，因此，不同研究者对工业化发展阶段的界定自然也会有所差别。表2.1概括了工业化发展阶段划分的主要经典理论视角。

表 2.1 工业化发展阶段划分的主要经典理论视角

划分视角	主要内容	主要指标	学者
人均收入水平视角	从结构转变过程的角度将人均收入水平划分为六个变动时期，其中的第二至第五个时期为工业化时期	人均 GDP 或人均 GNP（折算为不同年度美元）	钱纳里和赛尔奎因（M. Syrquin）（1975、1980、1986）
产业结构视角	工业在国民经济中的比重将经历一个由上升到下降的倒 U 形变化	各产业的要素投入和产出的数量与比重	库兹涅茨（1966、1971）；罗斯托（W. Rostow, 1960）；赛尔奎因和钱纳里（1989）
就业结构视角	随着人均收入水平的提高，劳动力首先由第一产业向第二产业转移，再由第二产业向第三产业转移	各产业的就业人口占总人口的比重	配第（W. Petty, 1662）；克拉克（C. Clark, 1940）
空间结构视角	工业化的演进导致产业结构的转变，带动了城市化程度的提高	城市化率	赛尔奎因和钱纳里（1989）

续表

划分视角	主要内容	主要指标	学者
工业内部结构视角	在工业化过程中，制造业增加值在总商品部门增加值额中所占份额将提高；据此工业化可被划分为非工业化、正在工业化、半工业化和工业化四个阶段	制造业增加值在总商品部门增加值额中所占份额	联合国工业发展组织（UNIDO, 1979）；约翰·科迪等（1990）
	随着工业化的发展，工业内部结构一般具有相同的变动趋势，即消费品工业趋于下降而资本品工业趋于上升	"霍夫曼比例"，即消费资料与资本资料工业净产值的比例	霍夫曼（1931）
	工业内部结构的变动一般要经历三个阶段四个时期。三个阶段分别为重工业化、高加工度化和技术集约化阶段	工业结构中资源的比重与技术含量的高低	郭克莎（2000）；陈佳贵和黄群慧（2003）

资料来源：作者整理。

表2.1仅仅显示了部分理论对工业化发展阶段的划分，而且上述理论多数都仅仅是新古典主义或发展经济学的观点。事实上，还有许多其他理论也为工业化发展阶段的划分提供了理论基础，如结构主义观点与新兴古典经济学观点等。

在表2.1所显示的工业化发展阶段划分的理论视角中，最常见的是基于人均收入水平视角、产业结构视角与工业内部结构视角。

（一）基于人均收入水平视角的工业化发展阶段划分

钱纳里和赛尔奎因（1975、1980、1986）等人从结构转变过程的角度将各国的人均收入水平划分为6个变动时期，其中，第2~5个时期为工业化时期。也就是说，工业化按人均收入水平可以分为4个阶段。表2.2显示了钱纳里和赛尔奎因按人均收入水平变动所反映的工业化发展阶段。

如果根据表2.2所示的工业化四阶段划分，那么，其中的第1阶段可视为工业化初期阶段，第2~3阶段为工业化中期阶段，第4阶段为工业化后期阶段；第2和第3阶段可进一步被区分为工业化发展的中（前）期阶段与中（后）期阶段。

根据钱纳里等人的研究，准工业国家的人均收入水平一般处于第1~3阶段。以1970年来衡量，准工业国家人均收入的一般模式是350美元，大国模

表 2.2　人均收入水平变动所反映的工业化发展阶段

工业化发展阶段	人均 GDP（美元）			
	1964 年	1970 年	1996 年	2010 年
1　[初期]	200~400	280~560	1240~2480	1740~3480
2　[中（前）期]	400~800	560~1120	2480~4960	3480~6960
3　[中（后）期]	800~1500	1120~2100	4960~9300	6960~13050
4　[后期]	1500~2400	2100~3360	9300~14880	13050~20880

　　注：根据钱纳里等（1989）的研究，1970 年与 1964 年美元的换算因子为 1.4；1964 年与 1996 年的换算因子为 6.2，为郭克莎（2000）的研究结果；2006 年与 1996 年的换算因子为 1.403，为笔者根据美国 GDP 减缩指数计算。

　　资料来源：钱纳里等（1989）；郭克莎（2000）。

式是 300 美元，初级出口导向国家是 500 美元（钱纳里等，1989）。换算为 2010 年美元，进入准工业国家的一般大国的人均收入水平为 1864 美元。[①]

（二）基于产业结构视角的工业化发展阶段划分

　　工业化作为产业结构变动最迅速的时期，其演进阶段也通过产业结构的变动过程表现出来。从三次产业 GDP 结构的变动看，在工业化起点，第一次产业的比重较高，第二次产业的比重较低。由于市场经济国家在工业化开始时市场化已得到较大发展，以商业、服务业为基础的第三次产业的比重较高。随着工业化的推进，第一次产业的比重持续下降，第二次产业的比重迅速上升，而第三次产业的比重只是缓慢提高，见表 2.3。

　　使用产业结构水平的变动来衡量工业化的演进阶段，可以有两种方式：如果将工业化划分为 4 个阶段，那么，当第一次产业的比重下降到低于第二次产业时，工业化就处于初期至中（前）期阶段；如果将工业化划分为 3 个阶段，其中的第 2 个阶段属于中期阶段，那么，当第一次产业的比重降低到 20% 以下时，第二次产业的比重上升到高于第三次产业而在 GDP 结构中占最大比重（表 2.3 中的模式 2 由于第三次产业的比重一开始就很高，产业结构变动较为特殊），工业化就进入了中期阶段。

　　当第一次产业的比重降低到 10% 左右时，第二次产业的比重上升到最高水平，工业化到了后期阶段（或称为工业化的结束阶段）（一般来说，此后第

---

　　① 郭克莎（2000）对进入准工业国家（大国）的人均收入水平（1996 年）的换算过程中，存在计算上的错误。

表 2.3　产业结构变动所反映的工业化发展阶段

三种主要研究结果	第一次产业比重 (%)	第二次产业比重 (%)	第三次产业比重 (%)
1. 库兹涅茨模式（1971）			
人均 GDP（美元）（1958 年）			
150	36.1	28.4	35.5
300	26.5	36.9	36.6
500	19.4	42.5	38.1
1000	10.9	48.4	40.7
2. Chenery、Elkington 和 Sims 模式（1970）			
人均 GNP（美元）（1964 年）			
200	36.0	19.6	44.4
300	30.4	23.1	46.5
400	26.7	25.5	47.8
600	21.8	29.0	49.2
1000	18.6	31.4	50.0
2000	16.3	33.2	49.5
3000	9.8	38.9	48.7
3. 赛尔奎因和钱纳里模式（1989）			
人均 GDP（美元）（1980 年）			
300	39.4	28.2	32.4
500	31.7	33.4	34.6
1000	22.8	39.2	37.8
2000	15.4	43.4	41.2
4000	9.7	45.6	44.7

资料来源：库兹涅茨：《各国的经济增长》，商务印书馆 1985 年版；H.B. Chenery, H. Elkington, C. Sims. A uniform analysis of development pattern, Havard University Center for International Affairs, 1970：148；M. Syrquin, H.B. Chenery, Three Decades of Industrialization, The World Bank Economic Reviews, 1989（3）：152~153。

二次产业的比重便转为相对稳定或有所下降）。各国产业结构变动的一般趋势，反映了工业化演进的阶段性。

工业化过程中第二次产业比重的上升是由于工业比重的上升，而工业比重的提高又是由于制造业比重的提高。根据钱纳里等人的研究，准工业国家（第 1 阶段）制造业产出在 GDP 中的比重，一般模式为 18%，大国模式为 19%，而随着工业化阶段的推进，与人均收入从 280 美元到 2100 美元（1970 年美元）的变动相联系，制造业产出在 GDP 中的比重上升到 36%。也就是说，当以人均收入水平衡量的工业化到了中（后）期阶段完成时，制造业在GDP中的比重基本达到了最高水平。

与产业产值结构的变动相联系，就业结构的变动也表现出类似的趋势。但由于就业结构变动不仅是人均收入水平变动的结构，而且更多的是人均收入水平变动的原因，即就业人数从第一次产业向第二次和第三次产业（包括向工业或制造业）的转移本身带动了人均收入水平的上升。因而在一般情况下，就业结构变动所反映的工业化阶段，已经通过人均收入变化的阶段性得以体现（周叔莲和郭克莎，2000）。

（三）基于工业内部结构视角的工业化发展阶段划分

由于消费者需求模式、规模经济和生产技术水平等方面共同因素的作用，工业化进程不仅表现为一个国家从农业部门向非农业部门转变的过程，而且还表现为工业部门内部结构的变化过程。联合国工业发展组织对20世纪60年代后世界工业发展的研究，揭示了工业部门中制造业比重不断攀升的规律；霍夫曼定律与钱纳里的截面研究，也都揭示了工业部门发展从初级消费品工业到资本品工业的时序性规律。图2.1反映了人均GDP与制造业增加值占总

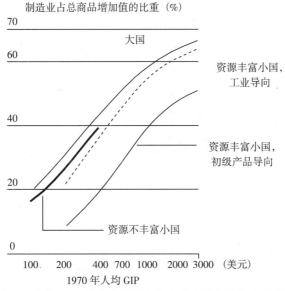

图2.1 人均GDP与制造业增加值占总商品部门比重间的关系

资料来源：联合国工业发展组织（UNIDO，1979）。

商品部门份额间的关系。

根据制造业增加值占总商品部门的比重，联合国工业发展组织（1979）与科迪等（1990）将工业化水平划分为非工业化（0~20%）、正在工业化（20%~40%）、半工业化（40%~60%）和工业化（60%以上）四类。

此外，根据郭克莎（2000）的研究，工业内部结构的变动随着工业化进程的推进大致可以划分为三个阶段四个时期。第一个阶段是重工业化阶段，包括以原材料、基础工业为重心和以加工装配工业为重心两个时期；第二个阶段是高加工度化阶段，包括以一般加工工业（资源密集型加工工业）为重心和以技术密集型加工工业为重心两个时期；第三个阶段为技术集约化阶段，也包括以一般技术密集型工业为重心和以高新技术密集型工业为重心两个时期。这三个工业结构变动阶段之间是相互衔接和部分重合的，可以说前一个阶段的第二个时期同时也是后一个阶段的第一个时期。从新兴工业化国家的经验看，这三个阶段既存在着演进的先后顺序，又往往受国家工业发展战略的影响而交错在一起。一般来说，当工业结构处于重工业化阶段的第一个时期（以原材料、基础工业为重心）时，工业化处于初期阶段；当工业结构由重工业化阶段向高加工度化阶段迅速推进（以加工装配工业为重心）时，工业化进入了中期阶段；而当工业结构由高加工度化阶段向技术集约化阶段转变（以技术密集型加工工业为重心）、技术创新和技术进步对工业增长起主要推动作用时，工业化到了后期阶段。

在郭克莎（2000）研究的基础上，陈佳贵和黄群慧（2003）进一步认为，在工业部门内部结构变化所呈现的重工业化、高加工度化和技术集约化的三种趋势，在本质上反映了工业产业结构从劳动密集型向资本密集型，进而向技术密集型逐步升级的过程。霍夫曼所揭示的资本品工业净产值在整个工业净产值所占的比重随着工业化过程的推进而逐渐上升的经验法则，更适合描述工业化中期阶段的工业产业结构从劳动密集型向资本密集型演变的规律。而到了工业化的中（后）期与后期，工业部门呈现高加工度化和技术集约化的趋势，工业产业结构开始向技术密集性升级。

二、基于国际比较的工业化内在特征分析

在整个工业化进程中，区域的人均收入水平一般会持续提高，产业结构通常会经历工业产值比重呈现倒 U 形的变化，农业就业人口持续向非农产业转移，城市化水平不断提高，工业内部的结构通常也将持续升级。因此，人均收入水平（经济发展水平）、产业结构、就业结构、空间结构、工业结构等的变化，事实上都属于工业化的特征。除了经济发展水平与经济社会结构外，工业化的发展必然也反映在其他许多方面，如体现工业化发展的动力因素或质量因素等。我们认为，包括经济发展水平的变化，一些经济社会结构的变迁，以及体现工业化发展的动力因素或质量因素的变化等，这些特征往往都是工业化发展过程中的一种外在表现。通过对这些外在特征的观察，可以对工业化发展阶段进行判断。

但是，在工业化进程中，诸如总产出和产出结构的变动、增长的部门结构变化、经济增长中的要素驱动特征变化和资源再配置效应的变化等，尽管也属于工业化特征，但从某种意义上来说，它们更多地体现了特定工业化发展阶段的内在要求。因此，在本书中，这些内在特征通常不作为判定工业化发展阶段的标志特征，而是体现了工业化发展的阶段性要求。

在应用国际经验数据比较来分析工业化内在特征时，既可以采用截面分析方法，也可以采用时序分析方法。前者未考虑时间因素，而后者则突出了时间因素。根据钱纳里等（1989）的研究，在工业化内在特征分析过程中，通过上述两种方法所获得的结果差异通常很小。

（一）总产出与产出结构的变化

通过截面分析所构建的工业化模型表明，总产出增长率会随着工业化进程推进而变化，产出结构也将发生相应变动。钱纳里等（1989）运用哥伦比亚等 9 个国家（地区）在 20 世纪 50~70 年代的经验数据分析表明，总产出增长率在工业化过程中将出现规律性的变化，如图 2.2 所示。

图 2.2 表明，在工业化后期之前，区域经济的总产出增长率通常持续提高。当工业化进程进入了后期与后工业化阶段，总产出的增长速度将趋于

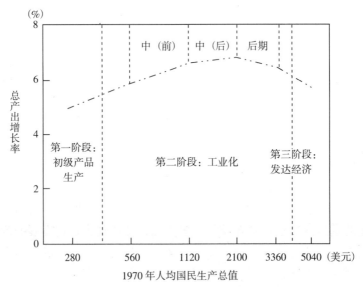

图 2.2　多国模型中总产出增长率在工业化进程中的变化

资料来源：根据钱纳里等（1989）相关数据绘出。

下降。

　　许多经验研究进一步表明，在工业化的初期、中（前）期与中（后）期，制造业增加值占 GDP 的比重随着工业化水平的提高而上升。运用大范围且更新的国家（地区）截面数据，可以得出这一研究结论。世界银行（1987）运用了 56 个国家（地区）在 1984 年人均 GDP 与制造业增加值占 GDP 比重的相应数据，并模拟了两者之间的关系，如图 2.3 所示。

　　图 2.3 显示，对全球大量经济体的截面分析结果表明，至少在工业化后期阶段之前，制造业增加值占 GDP 的份额的比重随着人均 GDP 的增长而相应提高。

　　另外，钱纳里和赛尔奎因（1989）所构建的多国模型显示，在工业化进程中，各经济部门的投入与产出的增长率结构将出现类似的变化。表 2.4 和图 2.4 分别显示了多国模型里部门投入和产出的增长率变化情况。

　　根据表 2.4 的内容，可以绘出多国模型的经济部门增加值与部门劳动生产率随着工业化进程的变动情形，如图 2.4 所示。

　　图 2.4（a）表明，通过静态分析获得的多国模型显示，在工业化后期以前，制造业增加值的增长率随着工业化进程的推进而得以提高，并比初级产品与服务业经济部门更高；而在工业化后期与后工业化阶段，制造业增加值

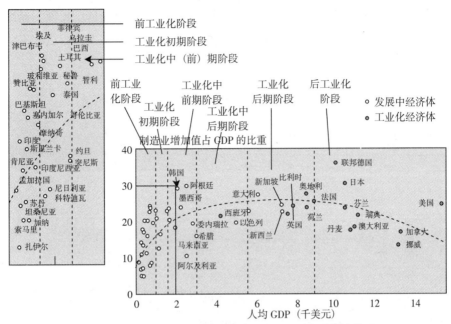

图 2.3 人均 GDP 与制造业增加值占 GDP 比重间的关系

注：①图中的粗虚线为人均 GDP 与制造业增加值占 GDP 比重两者间的拟合曲线。②图中所应用的数据为 1984 年各经济体的 GDP 与制造业增加值数据（美元）。相应的数据根据各国官方汇率进行折算。③图中关于工业化阶段划分为本书按钱纳里和赛尔奎因（1975、1980、1989）的人均收入水平对工业化发展阶段的简单划分（折算为 1984 年数据）。④图中关于发展中经济体与工业化经济体的分类为世界银行的研究中，工业化经济体或工业化国家是指除了希腊、葡萄牙、土耳其三个国家外的其他所有经合发展组织（OECD）成员国家。

资料来源：改编自世界银行：《世界发展报告》（1987）。

表 2.4 多国模型里部门投入和产出的年均增长率

单位：%

测度	工业化发展阶段					
	前工业化阶段	工业化初期阶段	工业化中（前）期阶段	工业化中（后）期阶段	工业化后期阶段	后工业化阶段
增加值						
初级产品	3.98	4.13	4.11	3.66	3.16	3.24
制造业	5.65	6.79	7.57	7.84	6.18	4.95
服务业	5.07	5.90	6.37	6.45	6.67	6.23
总计	4.80	5.67	6.30	6.58	6.21	5.60
劳动生产率						
初级产品	1.32	2.03	3.54	5.71	6.22	5.83
制造业	2.05	3.36	4.15	4.33	4.47	4.25
服务业	1.33	2.13	2.77	3.20	4.12	3.85
总计	1.74	2.82	4.00	4.77	4.81	4.13

资料来源：根据钱纳里和赛尔奎因（1989）的相关数据整理。

增长率开始下降，服务业增加值的增长开始超过制造业增加值增长率。而图2.4（b）则显示，随着工业化水平的提高，就业结构开始发生变化。进入工业

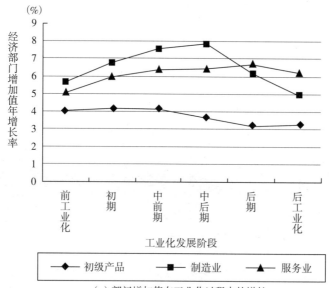

（a）部门增加值在工业化过程中的增长

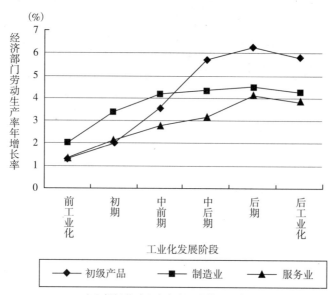

（b）部门劳动生产率在工业化过程中的增长

图 2.4　多国模型的经济部门增加值与劳动生产率增长

资料来源：根据钱纳里和赛尔奎因（1989）的相关数据绘出。

化的初期和中（前）期阶段后，制造业的劳动生产率最高，初级产品部门就业人口开始大量向制造业转移，这使得初级产品部门的劳动生产率快速攀升，并在工业化中（后）期开始超过制造业劳动生产率。进入后工业化阶段后，制造业就业人口开始大量向服务业转移，使得服务业劳动生产率增长开始降低。但是，制造业劳动生产率长期比服务业部门要更高。

（二）经济增长的部门结构变化

通过对样本国家（地区）在工业化过程中的时序数据进行分析，可以发现经济增长的部门结构变化。图 2.5 显示了当代部分发达国家在 1870~1984 年的人均 GDP 与工业占 GDP 比重间的时序关系。

根据图 2.5 所显示的结果可以发现，从世界部分经济发达国家的工业化发展历程看，在 1950 年以前，普遍公认的当时已完成工业化过程的美国、日本、法国和英国等世界发达国家的工业增加值占 GDP 的份额持续上升。

钱纳里等（1989）进一步考察了各主要经济部门对经济增长的贡献。图 2.6 显示了基于动态分析结果的经济增长的部门原因。

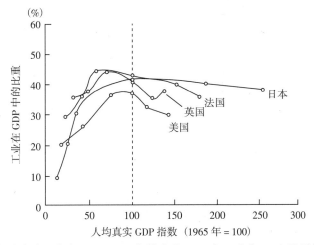

图 2.5　部分发达国家在 1870~1984 年的人均 GDP 与工业占 GDP 比重间的时序关系

注：①图中各国的 6 个数据点对应如下近似年度的相应数据：（从左至右）1870 年、1913 年、1950 年、1965 年、1975 年与 1984 年。②图中各国 GDP 与工业增加值数据折算为 1965 年美元，并以 1965 年作为基年进行对比，相应数据根据各国官方汇率进行折算。

资料来源：Kuznets（1957）；Maddison（1982）；World Bank（1987），World Development Report.

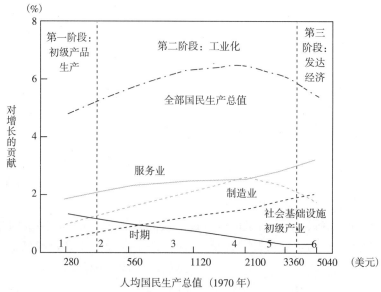

图 2.6 基于动态分析结果的经济增长的部门原因

图 2.6 的结果表明，增长率自结构转变第一个时期（前工业化阶段）的 4.9% 增至第四个时期（工业化中（后）期阶段）的 6.7%，原因是投资率由国民生产总值的 13% 增加到 16%（哈罗德—多马效应），以及资源向生产率增长较快的部门转移（资源再分配效应）。

有必要特别指出的是，由于在钱纳里和赛尔奎因（1989）的研究中，所应用的数据主要为 20 世纪 50 年代开始的 9 个国家（地区）的样本数据，而当时这些国家（地区）的市场化程度已较高，因此，图 2.7 所反映的服务业在较低人均收入情况下仍具有较高贡献，是具有一定特殊性的现象（郭克莎，2000）。一般地，在工业化后期以前，制造业对经济增长具有最高的贡献。

（三）经济增长中的要素驱动特征变化

应用 39 个国家（地区）的相关数据，钱纳里（1989）还进一步分析了经济增长中的要素结构变化。图 2.7 显示了基于动态分析结果的各要素对增长的贡献。

图 2.7 中，全要素生产率（Total Factor Productivity，TFP），又称综合要素生产率，它反映了资本、劳动等所有投入要素的综合产出效率。根据新古典增长理论，通过全要素生产率的计算，可以反映广义技术进步对经济增

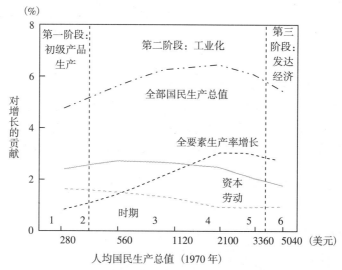

图 2.7 基于动态分析结果的各要素对增长的贡献

长的影响。[①]

图 2.7 中关于要素贡献对增长贡献的总量分析更具有推测性质。图中，劳动贡献下降反映了高收入水平上人口增长速度减慢的趋势，减慢的程度大于劳动生产率提高的程度。在发展的早期，全要素生产率增长加快的现象源于没有充分利用的劳动力的存在，以及随后发生的资源从农业的转移。资本贡献相对稳定的趋势则决定于资本边际产品的下降，这抵消了投资率上升所起的作用。

（四）资源再配置效应的变化

关于测算具有不同要素生产率的部门之间的资源再配置对生产率和经济增长的作用，到目前为止比较简单实用的方法是 M.赛尔奎因的资源再配置效应（TRE）模型。所谓资源再配置效应，就是指总生产率增长率与部门生产率增长率加权平均数的差距。从理论上说，当劳动和资本等资源向生产率或生产率增长率较高的产业流动，或者资源的流动减少了整个经济的非均衡程度从而使得结构趋于协调时，这种资源再配置就会产生较大的效应；而当资源流向生产率较低且增长较慢的产业，或者资源的流动破坏了产业间的约束，

---

① 关于全要素生产率的概念与计算过程等相关内容，在本书的第五章中有详细说明。

从而加深了整个经济的非均衡程度时，资源再配置效应就会减小甚至是负值（吕铁、周叔莲，1999）。资源的再配置效应（TRE）的计算方程为：

$$TRE = G_a - \sum_i P_i G_{ai} \tag{2.1}$$

式中，TRE 为资源的再配置效应；G_a 为总的全要素生产率增长率；G_{ai} 为 i 部门的全要素生产率增长率；P_i 为 i 部门的产出比重。

应用式（2.1），赛尔奎因（1989）对资源再配置效应进行了国际比较，并将不同人均收入水平上资源再配置效应进行了对比，如图 2.8 所示。

与图 2.8 的结果相对应，表 2.5 显示了赛尔奎因（1989）基于截面数据的资源再配置效应的国际比较情况。

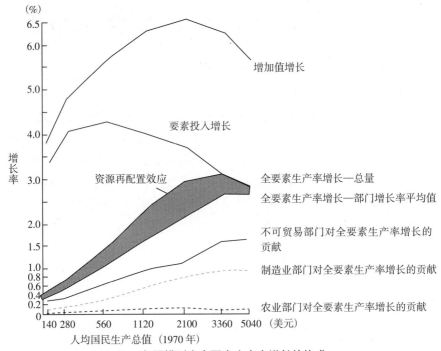

图 2.8 多国模型中全要素生产率增长的构成

注：图中阴影部分即为资源再配置效应。

资源再配置效应反映了产业结构变动对经济增长的影响。从图 2.8 和表 2.5 可以发现，在工业化后期以前，产业结构变动对经济增长的积极影响是不断加强的。而到了工业化后期阶段与后工业化阶段，产业结构变动对经济增长的影响开始逐步减弱。

表2.5 基于国际截面数据的资源再配置效应

增长时期 (1970 年美元)	年平均增长率（%）			再配置效应的贡献（%）	
	G_a	$\sum P_i G_{ai}$	TRE	TRE/ G_a	TRE/ G_v
100~140	0.44	0.40	0.04	9	1
140~280	0.72	0.57	0.15	20	3
280~560	1.40	1.11	0.29	21	5
560~1120	2.28	1.72	0.56	25	9
1120~2100	2.92	2.17	0.75	26	11
2100~3360	3.11	2.71	0.40	13	6
3360~5040	2.80	2.72	0.08	3	2

注：①全国与浙江省的相应数据根据表5.7和表5.11内的数据计算，多国模型的数字引用了赛尔奎因：《生产率增长和要素再配置》（1989）。②G_v 为 GDP 的增长率。

三、工业化各发展阶段的重要内在特征

根据表2.2关于以人均收入水平为依据对工业化发展阶段的划分，是工业化发展阶段划分的重要理论依据之一。此外，根据一些社会经济结构变动情形与工业化发展的动力因素和质量因素等工业化外在特征，可以对工业化发展阶段进行划分与判断（这方面的研究内容见本书第三章内容）。如果根据钱纳里等（1989）的工业化发展四阶段划分方式，那么可以将整个工业化阶段划分为初期、中（前）期、中（后）期与后期。本节将分别简单地阐述这四个主要工业化发展阶段的重要内在特征。这些特征主要从国内需求结构、总产出增长和产出结构、增长的部门结构、增长的要素驱动结构和资源再配置效应（TRE）等方面描述。

（一）工业化初期阶段的重要内在特征

（1）在总产出和产出结构上，总产出加速增长，制造业增加值占 GDP 的比重快速上升，制造业增加值高速增长，其增长速率高于服务业与初级产品部门，制造业劳动生产率迅速提高，并远远超过服务业与初级产品部门的劳动生产率增长速度。

工业化初期阶段，总产出增长从前工业化阶段的4.8%左右上升至初期的

5.6%左右。制造业增加值占 GDP 比重从前工业化阶段的 15%左右上升为 18%左右；制造业增加值增长率从 5.7%左右提高至 6.8%左右，并高于服务业增加值增长率（5.9%）与初级产品部门增加值增长率（4.1%）；制造业劳动生产率增长率从 2.1%提高到 3.4%，高于服务业与初级产品部门的劳动生产率增加值增长率（分别为 2.1%和 2.0%）。

（2）在增长的部门结构上，初级产业经济部门对经济增长的贡献开始下降，制造业、服务业与社会基础设施等其他经济部门的贡献都明显上升。其中，制造业经济部门贡献的增长速度最快。

无论是通过静态分析还是动态分析，应用不同年代下的样本数据所获得的各经济部门在经济增长中的贡献相关结论存在一定差异。但一般地，在工业化初期阶段，制造业与服务业部门对经济增长的贡献较大，其中制造业部门贡献的增长速度最快，社会基础设施部门的贡献略有上升，而初级产业部门的贡献则持续下滑。制造业部门的贡献开始超过初级产业部门。

（3）在增长的要素驱动结构上，资本投入对增长的贡献最大，且贡献率持续增加，劳动投入的贡献有所下降，全要素生产率增长的贡献上升，但仍低于劳动投入的贡献，并且远远不及资本投入的贡献。

在工业化初期，资本要素投入对增长的贡献持续上升，并达到了 50%左右，劳动要素投入的贡献开始下降，全要素生产率的贡献开始上升，两者同时达到了 25%左右。

（4）在资源再配置效应方面，产业结构变动对增长具有少许的积极影响。工业化初期阶段，由于产业结构变动而产生的资源再配置效应为 0.29%，它对经济增长的贡献率为 5%。

（二）工业化中（前）期阶段的重要内在特征

（1）在总产出和产出结构上，总产出保持高速增长，制造业增加值占 GDP 的比重持续上升，制造业增加值保持快速增长，其增长速率仍高于服务业与初级产品部门，制造业劳动生产率快速提高，并仍超过服务业与初级产品部门的劳动生产率增长速度。

工业化中（前）期阶段，总产出的增长速度从初期的 5.6%上升为中（前）期的 6.0%左右；制造业增加值占 GDP 比重继续从工业化初期阶段的 18%左右上升为 22%左右；制造业增加值增长率从 6.8%左右继续提高至 7.6%左右，并高于服务业增加值增长率（6.4%）与初级产品部门增加值增长率

（4.1%）；制造业劳动生产率增长率继续从 3.4%提高到 4.2%，高于服务业与初级产品部门的劳动生产率增加值增长率（分别为 2.8%和 3.5%）。

（2）在增长的部门结构上，制造业部门对经济增长的贡献持续上升，社会基础设施部门贡献有所上升，服务业部门贡献保持稳定，而初级产业经济部门对经济增长的贡献持续下降。其中，制造业部门对经济增长的贡献仍保持最高增长速度。

一般地，在工业化中（前）期阶段，制造业和服务业部门对经济增长的贡献接近，但制造业部门贡献的增长速度最高；社会基础设施部门的贡献继续保持一定的上升趋势，而初级产业部门贡献则继续下滑。

（3）在增长的要素驱动结构上，资本投入对增长的贡献保持稳定，劳动投入的贡献持续下降，全要素生产率增长的贡献继续上升。资本要素投入的贡献最高，而全要素生产率的贡献水平则开始超过劳动要素投入的贡献。

在工业化中（前）期，资本要素投入对增长的贡献保持 48%左右，全要素生产率和劳动要素投入的贡献分别为 35%和 17%左右。

（4）在资源再配置效应方面，产业结构变动对增长的积极影响持续上升，并达到了较高水平。在工业化中（前）期阶段，由于产业结构变动而产生的资源再配置效应为 0.56%，它对经济增长的贡献率上升至 9%。

（三）工业化中（后）期阶段的重要内在特征

（1）在总产出和产出结构上，总产出增长率进一步上升，制造业增加值占 GDP 比重仍持续上升，制造业增加值保持快速增长，其增长速率仍高于服务业与初级产品部门，制造业劳动生产率快速提高，并且增长速度高于服务业部门的劳动生产率增长，但低于初级产品部门的劳动生产率增长速度。

钱纳里和赛尔奎因（1989）的标准多国模型显示，总产出增长率从工业化中（前）期的 6.0%上升为 6.4%左右；而世界银行运用 56 个国家（地区）的 1984 年截面数据分析则显示，在工业化中（后）期阶段，制造业增加值占 GDP 比重继续从工业化中（前）期末的 22%左右持续上升为中（后）期末的 25%左右。标准多国模型进一步表明，制造业增加值增长率也从工业化中（前）期的 7.6%左右继续提高至中（后）期的 7.8%左右，并高于服务业增加值增长率（6.4%）与初级产品部门增加值增长率（3.7%）。随着就业结构的调整，制造业部门的劳动生产率增长率继续从 4.2%提高到 4.3%，高于服务业部门（3.0%），但低于初级产品部门（5.7%）。

（2）在增长的部门结构上，制造业部门对经济增长的贡献进一步加速上升，并成为所有经济部门中贡献最高的部门；社会基础设施部门的贡献继续保持一定的上升趋势，服务业部门贡献基本保持稳定，而初级产业经济部门对经济增长的贡献进一步下降。

（3）在增长的要素驱动结构上，资本投入对增长的贡献开始下降，劳动投入的贡献进一步下降，全要素生产率增长的贡献迅速上升。全要素生产率对经济增长的贡献开始超过资本要素投入，成为贡献最高的要素驱动力量。

运用动态分析方法，钱纳里（1986）的研究表明，在工业化中（后）期，全要素生产率增长对增长的贡献从35%左右上升至48%左右，资本要素投入和劳动要素投入的贡献分别为37%和15%左右。

（4）在资源再配置效应方面，产业结构变动对增长的积极影响上升至最高水平，并且对经济增长的贡献也达到了最高阶段。

进入工业化中（后）期阶段以后，由于产业结构变动而产生的资源再配置效应加速上升到0.75%，它对经济增长的贡献率达到了11%的最高水平。

（四）工业化后期阶段的重要内在特征

（1）在总产出增长和产出结构上，总产出增长率开始下滑，制造业增加值占GDP比重基本保持稳定，制造业增加值继续上升，但其增长速率开始下降，并低于服务业增加值的增长速率；制造业劳动生产率增长率继续提高，并仍超过服务业与初级产品部门的劳动生产率增长速度。

在标准多国模型中，总产出增长率从工业化中（后）期的6.4%左右下降为5.9%左右。世界银行（1987）的研究还表明，在工业化后期阶段，制造业增加值占GDP比重基本保持在25%左右的水平。另外，尽管制造业增加值继续增长，但增长率从工业化中（后）期的7.8%左右下滑至工业化后期的6.2%，并开始低于服务业增加值增长率（6.8%）；制造业部门的劳动生产率增长率继续从4.3%提高到4.5%，仍高于服务业部门（4.1%）而低于初级产品部门（6.2%）。

（2）在增长的部门结构上，制造业部门对经济增长的贡献开始下降，并成为所有经济部门中贡献次高的部门；服务业部门的贡献略有上升，并开始成为贡献最高的部门；社会基础设施部门的贡献继续上升，而初级产业经济部门的贡献持续下降。

（3）在增长的要素驱动结构上，资本投入对增长的贡献加速下降，劳动投入的贡献保持稳定，全要素生产率增长的贡献略有上升。全要素生产率增长成为经济增长的主要驱动力量。

钱纳里（1986）的研究表明，在工业化后期，全要素生产率增长对增长的贡献达到50%左右，资本要素投入和劳动要素投入的贡献分别为33%和17%左右。

（4）在资源再配置效应方面，产业结构变动对增长的积极影响开始下降，对经济增长的贡献也有了明显回落。

在工业化后期阶段，由于产业结构变动而产生的资源再配置效应开始下降至0.40%的水平，它对经济增长的贡献率也回落到了6%左右的水平。

第三章 工业化发展阶段 评价体系的构建

一、中国：从传统工业化道路到新型工业化道路

（一）中国在传统工业化道路上所遭遇的困境

中国从 20 世纪 50 年代开始推进工业化进程以来，直至 21 世纪初，实际上一直选择传统工业化道路。在传统工业化进程的推进过程中，遇到了许多困难，其中较为突出的问题表现在：产业结构出现严重偏差，工业结构升级出现结构性障碍，企业生产组织的社会化程度不足，以及无法满足可持续发展的要求。

1. 产业结构偏差

在改革初期，中国的产业结构与相同发展水平的国家相比就存在较大的偏差，其特征是在 GDP 结构中第二产业尤其是工业的比重过高而第三产业的比重偏低。尽管从 20 世纪 80 年代中期至 90 年代初期，我国的产业结构纠偏取得了一定的成就，但 90 年代以来在工业化继续演进的过程中，我国产业结构的变动态势使结构偏差又突出起来（郭克莎，2000）。这表现在两个方面：工业比重幅度上升使第二产业比重升幅过大；第三产业的实际产出比重下降。

2. 工业结构升级的结构性障碍

我国工业结构的重工业化在改革前打下了一定的基础，一方面，在 20 世纪 80 年代后期加强基础工业的过程中得到了进一步推进，因而到 90 年代初期，以原材料工业为重心的重工业化阶段已基本完成。另一方面，从 80 年代中期开始的以消费品工业高速扩张为重心的高加工度化进程，到 90 年代初期

也已达到了较高水平。在这种条件下，工业结构本来应当向重加工业尤其是装备工业为重心发展的阶段转变，使重工业化与高加工度化结合起来，才能为工业结构向技术集约化阶段升级奠定基础。但是，90年代初期以后我国消费品工业继续扩张，重加工业尤其是装备工业没有得到应有的较快发展。90年代以来，我国工业结构升级缓慢的基本表现是重加工业尤其是装备工业得不到较快发展，从而阻碍了由高加工度化阶段向技术集约化阶段转变。

3. 企业生产组织的社会化要求

进入20世纪90年代以来，制造业企业集中的步伐明显加快，呈现越来越多的集中和并购，全球各主导制造业尤其是装备制造业已被为数不多的几个超级跨国公司所控制，制造业的市场集中度进一步提高。然而，在全球经济中，一国制造业欲获得竞争优势，仅靠本国的全球化大企业是不够的，更需要扎根于全球的中小企业集群。实践表明，集群发展是当今时代我国新型工业化道路的重要方式。在中国的长三角、珠三角和环渤海湾地区，在某种程度上已表现出产业集聚现象。然而，从全国范围看，这种产业集聚现象还没有普遍出现。与过去"全能厂"的模式不同，我国工业产业组织亟须重构，从而实现向"专业厂"模式发展的转变。

4. 可持续发展的要求

我国人力资源丰富而自然资源、资金、技术等相对不足，在产品和其他生产要素可以自由流动的全球化进程中，丰富的、无法自由流动的劳动力资源将会使我国在相当长的时期内维持着工业制成品上的比较优势。但我国的教育发展不足，巨大的人口和劳动力数量有可能成为今后经济发展的包袱，这必然会威胁到我国经济增长的可持续性。如何将人口包袱转化为人力资源优势，已经成为我国工业化进程中必须慎重考虑的问题之一。作为一个发展中的人口大国，我国绝大多数自然资源的人均占有量低于世界平均水平。同时，由于我国尚处于工业化的高速成长时期，受资金、技术、能源价格等因素的影响，伴随着高增长的是高投入、高能耗、高材耗。此外，由于在工业化过程中能源和自然资源浪费严重，我国也和历史上的工业化国家一样，遭到了传统大工业对生存环境的破坏，并使生态系统有了进一步恶化的趋势，这严重地制约着我国经济的可持续发展。

此外，中国传统工业化道路还将面临其他许多方面的挑战，如城乡二元结构发展不平衡、全球经济一体化、信息经济和知识经济的高速发展、就业与农村剩余劳动力转移、进一步扩大对外开放与应对外来竞争、区域经济发展不平衡、国家经济安全等（杨同宇，2004；陈淮，2001）。这些困难与挑战的存在，在客观上都要求中国选择一条既能保证工业化进程得以推进，又能有效化解所面临的主要矛盾的工业化道路。

（二）中国选择新型工业化道路的历史必然

自党的十六大报告提出"坚持以信息化带动工业化，以工业化促进信息化，走出一条科技含量高、经济效益好、资源消耗低、环境污染少、人力资源优势得到充分发挥的新型工业化路子"以后，新型工业化正式提出并成为讨论的热点。

新型工业化是基于我国经济发展遇到来自就业、资源和环境等方面的压力，同时也面临信息技术带来的产业革命等新的历史性机遇等多方面因素进行全面综合分析的基础上所得出的结论，是科学发展观的体现。总的来说，党的十六大提出的新型工业化道路可概括为"一个核心、五个要求"，其中，"一个核心"是可持续发展，"五个要求"是市场化、信息化、城市化、国际化和绿色化（崔向阳，2003）。中国目前选择新型工业化道路，有其历史的必然性。

首先，在新型工业化的过程中，通过将工业化与农业发展紧密结合起来，并充分利用我国的大国市场优势、劳动力素质和成本优势、工业配套的规模优势，以及促进第三产业在国民经济中比重逐步提高，可以较为容易地克服我国产业结构的偏差。其次，通过推进新型工业化进程，工业产业结构可以调整为以消费结构为导向，并通过适应消费结构的变化逐渐克服工业结构升级的结构性障碍，从而逐步实现工业结构的升级。再次，通过实施新型工业化，有利于形成一批拥有著名品牌和自主知识产权、主业突出、核心能力强的大公司和企业集团，使产业的集中度和研发能力得以提高，并有利于中小企业向"专精、特、新"方向发展，使它们与大企业的配套能力得到提升，从而最终促进企业生产组织的社会化要求的实现。最后，由于可持续发展是新型工业化的内在要求，因此新型工业化进程的推进将能够很好地处理人口、资源与环境的关系，从而保障工业化发展的长期可持续性。

（三）新型工业化的内涵

对新型工业化内涵的理解，着重在于提高科技含量与信息化、可持续发展、人力资源开发利用以及最终提高经济效益等方面，强调统筹信息化与工业化的关系，通过信息化带动工业化；统筹经济发展与人口、资源、环境之间的关系，强调生态建设和环境保护，实现可持续发展；统筹产业结构调整、工业结构升级与就业之间的关系，处理好资本技术密集型与劳动密集型产业、高新技术产业与传统产业、虚拟经济与实体经济的关系。

根据不同学者对新型工业化内涵的阐释，并结合中国特有的国情特点，本书将新型工业化的内涵或本质特征总结如下。

（1）经济发展水平与经济社会结构的调整状况是反映新型工业化发展水平的主要标志。

经济发展水平的高低仍是反映工业化水平的重要标志。对于发展中国家来说，经济发展水平的提升具有特别的重要意义。同样，经典工业化理论所揭示的产业结构标志、工业结构标志、空间结构标志与就业结构标志，也仍然是反映新型工业化发展水平的重要标志。

（2）信息化、科技进步与人力资源的有效利用是促进新型工业化发展的关键动力。

诸多学者认为，信息化能够有效带动工业化。信息化产生了信息及通信设备制造业、软件业、信息服务业等诸多新兴产业；同时，随着信息技术在传统产业领域的全面渗透，劳动生产率得以快速提高，对企业的组织形式、生产方式和政府管理模式都提出了全新的要求，加快了工业化进程向纵深发展（罗延发，2010）。并且，人们普遍认为，科技进步能有效推动经济发展，促进工业化水平的提高。此外，对人力资源的有效利用与合理配置，也能够促进工业化的发展。从生产要素角度看，我国工业化以劳动密集与资本高投入来实现，经济增长的主要贡献来自资金与劳动，特别是资金的作用越来越大，资本替代劳动的倾向也越来越强。新型工业化观点强调，工业发展应当重视人力资源的开发，并充分发挥我国人力资源优势。

（3）工业经济效益与可持续发展能力是反映新型工业化发展质量的主要标志。

新古典经济学观点认为，通过提高工业化的效率或工业经济效益，可以促进经济的持续增长。工业经济效益的提高，不仅要求各种资源要素本身的利用效率需要提高，而且对各资源要素之间的协调与配置提出了要求。此外，社会学观点一般认为，可持续发展要求工业化进程带来经济效益的同时还需要兼顾公平，而生态学观点则更注重资源的循环利用，并将保护资源和环境作为经济持续发展的保障。尽管不同的学科视角对可持续发展能力的强调角度有所不同，但人们对工业经济效益与可持续发展能力能够反映新型工业化发展质量的观点是基本一致的。

二、中国新型工业化水平评价的相关研究综述

近年来，关于中国工业化的研究，尤其是有关中国工业现代化或新型工业化的研究在成果数量上有了明显增多。根据研究内容或研究议题，这些研究大致可以划分为三类，即探讨工业化或新型工业化内涵或本质特征的研究、分析工业化发展阶段的相关研究，以及关于中国新型工业化水平评价的研究。在前一节的内容中，我们已经简要地回顾了探讨新型工业化内涵或本质特征的相关研究。本节将简略地回顾工业化发展阶段的相关文献，并重点回顾关于中国新型工业化发展水平评价的研究成果。

对工业化发展阶段进行探讨并分析中国工业化水平的相关研究很多，如刘伟和杨云龙（1987）、沈宏达（1994）、高波（1994）、徐向艺（1995）、葛岳静和王岳平（1996）、曾国安（1997）、边古（2000）、郭克莎（2000）、李善同和侯永志（2001）、雍红月和李松林（2002）、姜爱林（2003）、崔向阳（2003b）、刘幸（2003）、袁志刚和范剑勇（2003）、黄群慧（2004）、邢孝兵和徐洁香（2004）、杨同宇（2004）、张震龙和姜爱林（2005）、陈佳贵、黄群慧和钟宏武（2006）、Chen 等（2006）、Wu（2006）、Islam 和 Yokota（2006）、麦婉文（2007）、Chaitanya（2007）、Hofman 和 Labar（2007）等。这些研究通常是基于经典工业化理论来确定工业化发展阶段，并分析和判断中国目前所处的工业化发展阶段。譬如，郭克莎（2000）根据发展经济学尤其是实证研究的多国模式所揭示的理论线索，以人均收入水平（GDP 或 GNP）的变动、三次产业产值结构、就业结构的变动、工业内部结构的变动为工业化发展阶段的判断标准，并最终得出结论认为我国当前处于工业化中期的上半期阶段。陈佳贵、黄群慧和钟宏武（2006）、Chen 等（2006）等同类研究获得了类似的结论。

关于中国新型工业化水平评价的研究，既有应用定性研究方法的研究，也有大量研究采用了定量研究方法，而且所采用的定量研究方法在分析技术上也种类繁多。在这些定量研究中，较典型的研究方法或分析技术包括：层

次分析法（陈佳贵、黄群慧和钟宏武，2006；杨同宇，2004）、德尔菲法（黄群慧，2004；吴亚燕，2003）、因子分析法（渠爱雪，2006；刘涛，2005）、主成分分析法（崔向阳，2003；陈佳贵、黄群慧和钟宏武，2006）、聚类分析法（崔向阳，2003b；刘涛，2005）、联立方程模型（李克军，2004）等。

对于中国新型工业化水平的评价，最近几年涌现出了许多研究成果，表3.1对这些研究成果作了简单总结。

表 3.1　中国新型工业化水平评价指标文献总结

指标类型	主要指标名称	代表性研究	备注
经济发展水平	人均 GDP	绝大多数同类研究	个别研究应用"经济发展速度"指标：人均 GDP 增长
经济社会结构（其中：产业结构）	三次产业产值结构	崔向阳（2003）；吴亚燕（2003）；陈良森等（2004）；杨同宇（2004）；谢德禄等（2004）；陈佳贵等（2006）等	
经济社会结构（其中：工业结构）	制造业增加值占总商品部门比重	陈佳贵、黄群慧和钟宏武（2006）等	
	原材料工业增加值占工业增加值比例	陈佳贵和黄群慧（2003）；黄群慧（2004）等	
	轻重工业比例	崔向阳（2003）	
经济社会结构（其中：就业结构）	一产就业人口比	陈佳贵等（2006）；崔向阳（2003）；吴亚燕（2003）；陈良森等（2004）；杨同宇（2004）；谢德禄等（2004）等	
经济社会结构（其中：空间结构）	人口城市化率	陈佳贵、黄群慧和钟宏武（2006）；吴亚燕（2003）；陈良森等（2004）；谢德禄等（2004）；李克军（2004）等	
经济社会结构（其中：分配结构）	城乡居民人均纯收入之比	杨同宇（2004）等	
	基尼系数	吴亚燕（2003）等	
经济社会结构（其中：消费结构）	恩格尔系数	吴亚燕（2003）；杨同宇（2004）等	替代性指标：城乡恩格尔系数之比
贸易出口结构	一般贸易占出口总量的比重	吴亚燕（2003）等	
	初级产品与制成品在贸易总额中的比重	陈良森等（2004）等	

续表

指标类型	主要指标名称	代表性研究	备注
信息化进程	信息化指数	杨同宇（2004）；谢德禄等（2004）；李克军（2004）等	同类的替代性指标很多
	制造业信息能力指数	黄群慧（2004）等	
	信息产业增加值占GDP比重	吴亚燕（2003）；陈良森等（2004）；杨同宇（2004）等	
	工业领域信息技术类固定资产投资占比	陈良森等（2004）；杨同宇（2004）；李克军（2004）等	
	工业领域人均拥有计算机量的增长率	陈良森等（2004）；苑琳等（2006）等	替代性指标：居民家庭电脑普及率
科技进步水平	R&D经费占工业增加值比重	陈佳贵和黄群慧（2003）；黄群慧（2004）；陈良森等（2004）；苑琳等（2006）；渠爱雪（2006）；谢德禄等（2004）；李克军（2004）等	替代性指标：科技活动经费支出占工业增加值比例
	专利申请受理数	杨同宇（2004）；陈佳贵和黄群慧（2003）等	替代性指标：专利授权数
	新产品产值率	苑琳等（2006）；陈良森等（2004）；渠爱雪（2006）；谢德禄等（2004）等	
	主要生产设备达到国际水平比例	陈佳贵和黄群慧（2003）；黄群慧（2004）等	
	高技术工业品贸易竞争指数	陈佳贵和黄群慧（2003）等	
	高技术出口品牌占制成品出口比例	陈佳贵和黄群慧（2003）；黄群慧（2004）；陈良森等（2004）；苑琳等（2006）；谢德禄等（2004）等	
	技术进步对经济增长的贡献率	吴亚燕（2003）；陈良森等（2004）等	
	劳动密集型产业增加值增长率	吴亚燕（2003）等	

续表

指标类型	主要指标名称	代表性研究	备注
人力资源状况	每万人拥有专业技术人员数	陈良森等（2004）；杨同宇（2004）；苑琳等（2006）；渠爱雪（2006）等	替代性指标：每万人拥有科学家和工程师人数
	每十万人口高校在校生数	杨同宇（2004）等	替代性指标：高校招生数人口比
	工业从业人员增长率	苑琳等（2006）等	
	城镇登记失业率	吴亚燕（2003）；陈良森等（2004）；渠爱雪（2006）等	
工业经济效益（效率）	总资产贡献率	苑琳等（2006）；渠爱雪（2006）；谢德禄等（2004）等	
	工业成本费用利润率	苑琳等（2006）；渠爱雪（2006）；谢德禄等（2004）等	
	工业中每个员工的增加值	陈佳贵和黄群慧（2003）；黄群慧（2004）；吴亚燕（2003）；李克军（2004）等	即：全员劳动生产率
	工业利润增长率	杨同宇（2004）等	
	外向型指数	渠爱雪（2006）等	
	销售利润率	渠爱雪（2006）等	
	工业增加值率	渠爱雪（2006）等	
	产品销售率	渠爱雪（2006）等	
	工业利润增长率	吴亚燕（2003）等	
可持续发展能力（工业环境）	单位GDP能耗	陈良森等（2004）；苑琳等（2006）；渠爱雪（2006）；谢德禄等（2004）；陈佳贵和黄群慧（2003）；黄群慧（2004）；李克军（2004）等	替代性指标：每千克能源产生GDP
	工业"三废"处理率	吴亚燕（2003）；陈良森等（2004）；苑琳等（2006）；渠爱雪（2006）；谢德禄等（2004）等	替代性指标：工业废水排放达标率
	单位GDP的二氧化碳排放量	陈佳贵和黄群慧（2003）；黄群慧（2004）等	
	环保投资增长率	吴亚燕（2003）；陈良森等（2004）等	
	城市绿化覆盖率	吴亚燕（2003）；陈良森等（2004）等	

资料来源：作者整理。

三、工业化发展阶段评价指标体系的设计

（一）区域经济增长方式的演变及其对当代工业化发展的启示

1. 区域经济增长方式的演变

先行工业化国家在工业化早期都经历了一个或长或短的粗放型增长期。但经济增长方式演变的总体趋势，是从劳动、资本投入驱动型转向管理、知识创新带来的技术进步驱动型，即体现为"要素积累—集约管理—知识创新"的演化路径，发展的集约化程度和创新程度越来越高（见表3.2）。特别是到了后期工业化"基于科学技术的广泛运用"、服务业的异军突起、现代信息化技术在各行业的运用，使经济的整体效率得到提高，成为经济增长的主要源泉。

表 3.2　不同时期先行工业化国家经济增长方式比较

	早期工业化或传统工业化（古典经济增长）		后期工业化（现代经济增长）	
时间	18世纪60年代~19世纪50年代	19世纪60年代~20世纪10年代	20世纪10~70年代	20世纪80年代后期至今
生产方式	机械操作和专业化生产替代了工场手工劳动	重型机器替代了简单机械，完全实现了社会化的大生产	大规模的精益生产与销售成为生产方式的新特征	智能化和信息化成为生产方式的新特征
转型动力	第一次工业革命、水力、蒸汽的广泛应用	第二次工业革命、电力、内燃机、化学的发明和应用	管理变革和生产流水线的运用	第三次工业革命、信息控制技术的广泛应用
增长模式	劳动投入驱动型	资本投入驱动型	管理创新带来的技术进步驱动型	知识创新带来的技术进步驱动型
经济增长理论	主要以古典和新古典经济学为代表的传统经济增长理论，强调以劳动力、资本等外生要素投入，发展资本密集型产业，推动社会大生产，从而实现经济增长。其中以马克思等为代表的经济学家，对这种发展模式提出了质疑		从资本积累论（哈罗德—多马模型）到外生技术决定论（索洛模型）的转折时期，统一了科技进步为经济增长主要动力的认识	现代经济增长理论奠定和发展，内生要素（科技、知识、人力资本）的进步被确立为经济增长的主要动力

资料来源：作者根据相关资料整理。

因此，指标体系设计需要借鉴先行工业化国家的经验，以现代经济增长理论为指导，以生产效益和效率的提高为宗旨，并充分考虑科技进步、信息化及人力资本优化等推动现代经济增长的驱动因素。

2. 区域经济增长方式的演进对当代工业化发展的启示

通过对区域经济增长方式的演进过程的考察，我们认为它对新型工业化有如下几点启示：

（1）经济发展仍是新型工业化的主要内容。首先，从理论上看，推动经济持续健康快速的发展也是新型工业化理论的重要内涵之一。其次，从国内实际看，我国仍处于工业化过程中，即使是沿海经济较发达的各省市，也尚未完成工业化；继续推动经济的持续健康快速增长，仍是国内各省市实现工业化、全面建设小康社会及实现现代化的必须保证。当然，新型工业化道路下的经济发展是建立在经济结构持续优化、经济效益持续改善、经济竞争力不断增强等基础上的全面、协调、可持续性的发展。

（2）科技进步是实现工业化的重要动力。根据现代经济增长理论和当前市场竞争的要求，科技已成为引领经济发展和市场竞争的重要力量。不断提升区域的自主创新能力，提高企业生产的技术水平及产品的科技含量，是确保地区产业结构优化提升、转变经济发展方式及顺利实现工业化的重要动力因素。同时，坚持把科技进步作为实现工业化的重要动力，也是区别于传统工业化的重要方面。

（3）信息化是实现工业化的重要基础。立足当前的时代背景，信息化已成为影响工业化发展质量与潜力的基础性动力，也是缩短发展中国家与发达国家差距的重要机遇。目前，国家信息化测评中心从企业信息化状况和环境质量两方面，分别选取了 21 个和 12 个指标，构建制造业信息化指数，以反映中国制造业信息化的发展状况与潜力。在本书中，将在数据可以获取的前提下，以信息化水平指数来反映信息化发展状况。

（4）可持续发展是实现工业化的重要内涵。坚持在协调、可持续发展的前提下，逐步实现地区的工业化目标，是新型工业化区别于传统工业化的重要方面，更是工业化后发地区充分总结工业化先行国家经验和教训的重要启示。因此，倡导在推动经济快速发展的同时，不断改善生态环境，尽量减少资源消耗，尽量减少工业化的发展代价，应成为评价地区工业化成果必须要关注的重要内容。

（二）工业化发展阶段评价体系的设计与指标构成

1. 工业化发展阶段评价体系的功能定位

根据当代发展中经济体的现实背景，本指标体系既要具备坚实的理论基础，又要为当代工业化发展的实践提供指导与理论依据。在本书中所构建的工业化发展阶段评价体系应当具备两个主要功能：

（1）为我国、浙江和浙江各地区准确判断所处的工业化发展阶段提供充分的科学依据。只有准确判断了所处的工业化发展阶段，才可能充分运用工业化各发展阶段的特征与工业化发展趋势，为浙江当前和以后的区域经济发展提供科学决策的依据。

（2）为正确认识我国、浙江和浙江各地区在工业化主要侧面上所处的国际或国内地位提供有价值的参考。通过对浙江工业化发展的时序判断，可以了解浙江在当代工业化发展过程中所取得的成绩，更重要的是能够正确认识浙江工业化发展的不足之处；通过对浙江各地区工业化发展状况的判断，可以为浙江在工业化发展区域结构调整上提供决策依据。

2. 工业化发展阶段评价体系的设计原则

根据上述功能定位和工业化相关理论的具体要求，立足于我国国情和浙江省情，并充分反映现时代的特征，工业化发展阶段评价体系构成指标的选取与权重的确定应遵循以下原则：

（1）反映新型工业化要求与时代特征。评价指标应当充分反映我国新型工业化要求与现时代特征。我国新型工业化的要求是：科技含量高，资源消耗低，经济效益好，环境污染少，人力资源优势可以得到充分发挥，它事实上也充分反映了时代特征。

（2）具备理论基础。工业化发展阶段评价体系应当具有坚实的理论基础，应充分运用新古典经济学、发展经济学和新制度经济学（包括新兴古典经济学）等理论中的工业化观点。

（3）具有实践价值。工业化发展阶段评价体系的两个主要功能必须得以满足，特别是为现阶段浙江区域经济运行的相关决策提供重要的决策参考。

（4）国际与区域间可比较。工业化发展阶段评价体系在指标选择上，应尽可能选择可以进行国际比较的指标，至少也应当在区域间能够进行比较的指标。否则，其应用价值将降低。

（5）评价科学系统。综合评价方法应具有科学合理性与系统性，并能全面反映当代工业化发展的客观实际。在构成指标的设计、工业化各发展阶段的阈值设定与权重确定等方面，都应当科学合理。同时，该指标体系应是一个统一的有机整体，不仅各指标要分别反映地区工业化发展的各个主要方面，而且整个指标体系要体现出各个方面的内在联系，并具有清晰的层次。

（6）具备可操作性。从现实情况出发，并按照当前统计制度和会计制度所能够取得的资料情况，我们将制定出能够在实际工作中直接应用的评价体系。可操作性主要体现在两个方面：一是数据资料能够比较容易取得，且各指标的统计口径较为统一，避免由于资料难以取得或统计口径不统一而带来的数据不准确和分析错误。二是力求指标计算简便，基本采用日常统计和会计分析中常用的指标。

3. 工业化发展阶段评价体系的指标构成

按照指标体系的构建原则，本书从水平因素、动力因素和质量因素三个方面来建立工业化发展阶段评价体系。具体的评价指标体系主要分为四层，分别为目标层、准则层、要素层和指标层，包含 17 个相关指标。指标体系的结构和内容如下（见图 3.1）：

（1）目标层：即为本书研究的主要目的之一，是评价指标体系的最高层，具体表征工业化发展阶段的综合评价。

（2）准则层（1 级指标）：由工业化发展水平（重点体现由经典工业化理论所反映的工业化发展水平测评）、工业化发展动力（重点体现信息化、人力资本和技术进步支持能力）、工业化发展质量（重点体现经济本身的协调性及其与生态环境、社会发展的协调可持续性）三方面组成，具体表征地区工业化发展的三个宏观层次的水平。

（3）要素层（2 级指标）：主要包括经济发展速度、经济社会结构、信息化进程、科技进步、人力资源、工业经济效益、可持续发展能力等方面，具体解释性描述准则层的下一层次主题内涵。

（4）指标层（3 级指标）：指标层是对要素层的进一步细分。它共包括人均 GDP、三次产业产值结构等 17 个指标，涵盖了反映工业化发展阶段评价的全部内容，是目标层的最终载体。

4. 工业化发展阶段评价体系指标选取的理论基础

正如前面所提及的，工业化发展阶段评价体系应当具有坚实的理论基础。在本书中，评价体系的指标选取充分应用了新古典经济学、发展经济学和新制度经济学（包括新兴古典经济学）等理论中的工业化观点，见表 3.3。

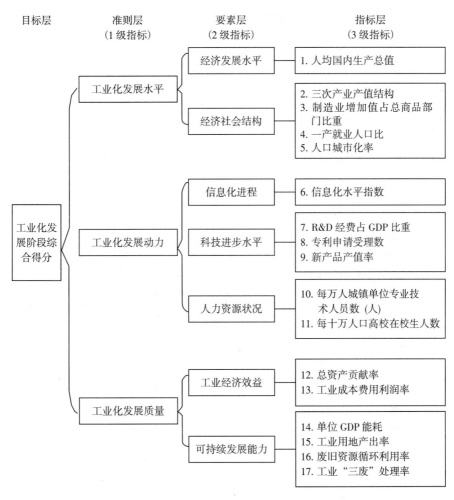

图 3.1　工业化发展阶段评价体系的构成指标

5. 工业化发展阶段评价体系的指标描述

工业化发展阶段评价体系的构成指标体系有 3 个评价准则，分别为水平因素、动力因素和质量因素。其中，水平因素、动力因素和质量因素分别由 5 个、6 个和 6 个指标构成，共 17 个指标。

（1）工业化发展水平。工业化发展水平主要反映传统工业化水平。基于经典工业化理论，该准则层包括 5 个指标，它们分别为人均 GDP、三次产业产值结构、制造业增加值占总商品部门比重、一产就业人口比和人口城市化

表 3.3　工业化发展阶段评价体系指标选取的理论基础

指标名称	理论基础	备注
1. 人均 GDP	发展经济学观点认为，随着生产结构的转变，人均收入的变化将充分地反映工业化的发展	钱纳里和赛尔奎因（1975、1980、1986）
2. 三次产业产值结构	根据新古典经济学和发展经济学理论，第一次产业产值比重将持续下降，第三次产业产值比重将持续上升，而第二次产业产值比重则将经历一个由上升到下降的倒 U 形变化	库兹涅茨（1966、1971）；罗斯托（W. Rostow，1960）；赛尔奎因和钱纳里（1989）
3. 制造业增加值占总商品部门比重	发展经济学观点认为，在工业化过程中，制造业增加值在总商品部门中所占的份额将持续提高	联合国工业发展组织（UNIDO，1979）；约翰·科迪等（1990）
4. 人口城市化率	根据发展经济学理论，工业化的演进导致产业结构的转变，带动了城市化程度的提高	赛尔奎因和钱纳里（1989）
5. 一产就业人口比	古典经济学和新古典经济学认为，随着人均收入水平的提高，第一产业就业人口比重将持续降低	配第（W. Petty，1662）；克拉克（C. Clark，1940）
6. 信息化水平指数	创新理论认为，工业化与信息化之间具有良性互动的关系，其实质是技术创新、组织创新、产业创新的系统集成 *	卢东斌（2003）
7. R&D 经费占 GDP 比重	新古典增长理论认为，广义技术进步（TFP 增长）可以使经济的增长超出要素投入的增长；新增长理论进一步认为，知识积累能够通过其外部效应使物质资本及其他因素也产生递增收益，从而使整个经济的规模收益递增	Solow（1956、1957）；Swan（1956）；Romer（1986、1989）
8. 专利申请受理数	通过对现代发达经济和不发达经济的比较，可以发现，发明创造随着经济和工业化的发展而得以增加	杨小凯（2003）
9. 新产品产值率	根据新兴古典经济学理论，随着专业化分工的演进，新产品及其相关技术在分工演进中不断涌现	杨小凯（2003）
10. 每万人城镇单位专业技术人员数（人）	专业化分工思想认为，随着工业化的推进，产业内的劳动分工愈加细化，各种从事专门技术的劳动人口比例也得以相应提高。新增长理论认为，专业化人力资本可以使整个经济的规模收益递增。因 2010 年全国每万人城镇单位专业技术人员数（人）的数据不可得，故采用每万人拥有 R&D 人员数替换	Young（1928）；Kaldor（1966、1967）；Romer（1986、1989）；Lucas（1988）
11. 每十万人口高校在校生人数	新增长理论认为，随着经济的发展，劳动者素质的提高增加了专业化人力资本的积累，从而促进了经济的规模收益递增	Romer（1986、1989）；Lucas（1988）
12. 总资产贡献率	发展经济学观点认为，资本和土地等资源是工业化的限制因素。随着工业化的发展，突破这些限制因素的自身能力也得以相应提高	张培刚（1984、1991）

续表

指标名称	理论基础	备注
13. 工业成本费用利润率	同上	张培刚（1984、1991）
14. 工业用地产出效率	古典工业区位论和经济区位论认为，区位因子决定生产场所，将企业吸引到生产费用最小、节约费用最大的地点；市场圈受到分散和吸引两种力量的影响而产生扩张和收缩的变化。产业集群理论进一步认为，同一产业的大量企业在成本节约、知识溢出和社会网络的外部性等因素影响下会在有限的区域内集聚。这就要求提高工业用地的产出效率	Weber（1909）；Lösch（1940）；马歇尔（1964）；Porter（1990）
15. 单位 GDP 能耗	不可再生和不可循环利用的能源是当前全球经济体主要利用的能源。根据环境与自然资源经济学的观点，进口能源具有很强的价格刚性，当能源要素市场有效时，随着工业化水平的提高，区域经济的能源利用效率也将得以充分改善	Tietenberg（2003）
16. 废旧资源循环利用率	生态经济学和循环经济理论认为，经济活动应当朝生态化方向发展，应当是可持续的发展；物质循环不仅是自然作用过程，而且是经济社会过程，实质是人类通过社会生产与自然界进行物质交换	Boulding（1962）；Fosch（1989）
17. 工业"三废"处理率	所谓的"环境库兹涅茨曲线"认为，人均收入与环境退化之间存在一个倒 U 形的关系；当一国人均收入达到较高水平时，经济增长趋向于减轻环境污染问题	Kuznets（1955）；Grossman 和 Krueger（1993）

注：* 首先，任何基础产业和传统产业只要注入新的技术，就会形成新的经济增长点；而以信息技术为代表的高新技术产业又是以基础产业和传统产业为支撑发展起来的。其次，高新技术辐射基础产业和传统产业，促进结构升级，迫切需要企业和产业的组织创新，这就产生了通过并购重组，推动产业组织创新的新潮流。最后，工业化和信息化的良性互动是产业创新、产业融合，这就是以技术创新为动力，以组织创新为保障，产业之间交叉融合，形成新的竞争与合作关系，进而不断生成新的产业，带来产业结构的优化升级。

资料来源：笔者整理。

率。它们分别在一定程度上反映了经济发展水平、产业结构、工业结构、就业结构和空间结构。其中，三次产业产值结构、制造业增加值占总商品部门比重、一产就业人口比和人口城市化率四个指标反映了社会经济结构。此外，"制造业增加值占总商品部门比重"是指制造业增加值占总商品部门的比重，其中总商品部门增加值相当于第一产业增加值与第二产业增加值之和。

（2）工业化发展动力。工业化发展动力准则层由三个要素层构成，即信息化进程、科技进步水平和人力资源状况。

信息化指数是反映信息化进程的指标，它由国家信息评测中心发布，具有很强的权威性。

反映科技进步水平的指标包括 R&D 经费占 GDP 的比重、专利申请受理数和新产品产值率。其中，R&D 经费支出占 GDP 的比重指标是一个具有较好可比性的指标，它反映了科技投入的程度及其与经济发展的协调性；专利申请受理数体现了研发投入后的成效，从而反映了科技创新能力的提高；新产品产值率则反映了一国或地区科研开发水平及科研成果转化为商品优势、经济优势的能力。

每万人城镇单位专业技术人员数（人）和每十万人口高校在校生人数是反映人力资源状况的指标。前者是反映当前人力资源结构的指标，而后者则是反映未来人力资源结构优化的增量性指标。

（3）工业化发展质量。工业化发展质量准则层由工业经济效益和可持续发展能力两个要素层构成。

工业经济效益是观察一个处于工业化发展过程中的国家或地区的重要经济指标。工业经济效益由两个指标构成，即总资产贡献率和工业成本费用利润率。其中，总资产贡献率评价的是工业企业总资产产生利润的能力，它反映了工业企业的总资产创造的效益；工业成本费用利润率表示工业企业为取得利润而付出的代价，从企业支出方面补充评价企业的收益能力。

可持续发展能力由四个指标构成，它们分别是单位 GDP 能耗、工业用地产出率、废旧资源循环利用率和工业"三废"处理率。其中，单位 GDP 能耗反映了经济结构和能源利用效率的变化；工业用地产出率作为集约经营类指标，反映了工业用地的质量和效益；废旧资源循环利用率反映了新型工业化过程中发展循环经济的水平；工业"三废"处理率则反映了各地区因工业发展带来的环境污染的治理水平。

在上述指标中，有些指标并不能直接获取，而是需要通过一定的计算方式获得。这些指标的量化过程，参见附录 A 的相应内容。

（三）工业化发展阶段评价体系指标的因子分析

为了进一步分析评价指标的合理性，应用 2010 年全国各省市自治区的相应数据，对 17 个评价指标进行因子分析，试图寻求指标数据的基本结构，从而在另一个角度分析指标体系是否合理。

KMO 样本测度和巴特利特球体检验（Bartlett's Test of Sphericity）的结果

显示，KMO 系数为 0.807，巴特利特统计值的显著性水平为 0.000。这些结果都表明这些数据适于作因子分析。采用主成分法进行因子提取，选择特征根大于 1 的公因子，并采用方差最大旋转方法，从而获得旋转后的特征根大于 1 的 4 个公共因子负载值表，见表 3.4。

表 3.4　工业化发展阶段评价体系构成指标的因子分析结果

工业化发展阶段评价 体系构成指标	公共因子			
	因子 1	因子 2	因子 3	因子 4
人均 GDP	0.778	0.536		
非农产业增加值占比	0.580	0.539		
制造业增加值占总商品部门比重		0.648	0.711	
人口城市化率	0.800			
一产就业人口比	−0.706			
信息化进程	0.845			
R&D 经费占 GDP 比重	0.885			
专利申请受理数		0.600		
新产品产值率		0.385		
每万人拥有 R&D 人员数		0.915		
每十万人口高校在校生人数		0.965		
总资产贡献率				0.830
工业成本费用利润率			−0.880	
工业用地产出效率		0.730		
单位 GDP 能耗				−0.552
废旧资源循环利用率	−0.475			
工业"三废"处理率			0.788	

注：①因子提取方法：普通最小二乘法、因子旋转方法、方差最大法。②经 8 次迭代后，旋转矩阵收敛。③为更清楚地显示数据的基本结构，除个别没有较大因子负载值的变量外，表中未列出其他变量中绝对值小于 0.5 的因子负载值。

将表 3.4 与图 3.1 进行对比可以发现，从某种角度上来说，上一小节所构建的指标体系基本合理。表 3.4 中，公共因子 1 和公共因子 2 主要反映工业化发展的水平因素和动力因素，公共因子 3 主要反映可持续发展能力，而公共因子 4 则主要反映工业经济效益。

四、工业化发展阶段评价指标 权重和指标阈值的确定

（一）工业化发展阶段评价指标权重的确定

本书采用层次分析法（Analytic Hierarchy Process，AHP）确定指标权重。通过判断矩阵的构建和一致性检验，各指标权重的最终分析结果如表 3.5 所示。

表 3.5　工业化发展阶段评价体系构成的指标体系及其相应权重

准则层（权重）	要素层（权重）	指标层（具体指标）	单位	权重
工业化发展水平（40）	经济发展水平（10）	人均 GDP	元/人	10
	社会经济结构（30）	三次产业产值结构	%	8
		制造业增加值占总商品部门的增加值比重	%	9
		一产就业人口比	%	6
		人口城市化率	%	7
工业化发展动力（33）	信息化进程（9）	信息化水平指数	—	9
	科技进步水平（14）	R&D 经费占 GDP 的比重	%	4
		专利申请受理数	件	5
		新产品产值率	%	5
	人力资源状况（10）	每万人口专业技术人员数	人	5
		每十万人口高校在校生人数	人	5
工业化发展质量（27）	工业经济效益（10）	总资产贡献率	%	5
		工业成本费用利润率	%	5
	可持续发展能力（17）	单位 GDP 能耗	吨标准煤/万元	5
		工业用地产出率	万元/公顷	4
		废旧资源循环利用率	‰	4
		工业"三废"处理率	%	4

注：相关的判断矩阵结果和一致性检验结果参见附录 C 部分的内容。

（二）工业化发展阶段评价指标阈值的设定

为了应用工业化发展阶段评价体系对区域工业化发展状况进行评价，首先需要确定工业化实现阶段（或称为"工业化阶段"）共包括几个时期，然后

再确定前工业化阶段、工业化实现阶段的各时期、后工业化阶段等各具体阶段的评价指标标志值。

根据现有研究，对工业化实现阶段的时期划分，有些研究将其划分为四个时期，也有些研究划分为三个时期。如果工业化实现阶段被划分为四个时期，那么这四个时期分别可以被称为初期、中（前）期、中（后）期和后期；而如果工业化实现阶段被划分为三个时期，则这三个时期分别可以被称为初期、中期和后期。① 这两种划分方法之间的联系是，前者的中（前）期与中（后）期对应于后者的中期，而两者的初期和后期完全相同。这就是说，相对于三时期划分法，四时期划分法仅仅是将中期进一步分解为两个时期，并不影响最终评价结果。

对于人均 GDP 指标阈值所对应的工业化发展阶段，需要做出特别的说明。在有些研究（如陈佳贵等，2006）中，将钱纳里（1986）、钱纳里和赛尔奎因（1986）、赛尔奎因（1966、1975、1989）等研究中的 2100~3360 美元（1970 年）作为后工业化阶段的一部分，或是作为"发达经济的初级阶段"。事实上，在钱纳里等（1989）的研究中，明确指出了这一阶段属于"工业化阶段"的第四个时期，或称为工业化的结束阶段。因此，本书认为，2100~3360 美元（1970 年）这一阶段应当属于工业化的后期阶段，这一观点与郭克莎（2000）的观点是一致的。

表 3.6 列出了工业化发展阶段评价体系指标的阈值水平。表 3.6 中，除人均 GDP 指标的阈值水平与陈佳贵等（2006）不一致外，有四个指标与他们的研究是一致的，这四个阈值水平一致的指标分别为三次产业产值结构、制造业增加值占总商品部门比重、一产就业人口比和人口城市化率。②

---

① 也有一些研究将三时期划分法中各时期分别称为"工业初级化阶段"、"工业中级化阶段"和"工业高级化阶段"。这种名称很容易造成误解。事实上，工业化绝不能狭隘地理解为工业的发展，而是包括工业发展在内的整个社会经济的发展，并且随着经济的发展，其社会经济结构也得以升级或优化，以及其他诸多方面的区域能力得以改善。因此，本书仍采用传统的初期、中期（中（前）期和中（后）期）和后期的名称。

② 在陈佳贵、黄群慧和钟宏武（2006）的研究中，仅采用了 5 个指标对工业化阶段进行判断。

表 3.6　工业化发展阶段评价指标的阈值水平

评价指标	前工业化阶段（0~20）	工业化实现阶段				后工业化阶段（100）
		初期（20~40）	中（前）期（40~60）	中（后）期（60~80）	后期（80~100）	
人均 GDP（美元）						
①1964 年	200 以下	200~400	400~800	800~1500	1500~2400	2400 以上
②1970 年	280 以下	280~560	560~1120	1120~2100	2100~3360	3360 以上
③1996 年	1240 以下	1240~2480	2480~4960	4960~9300	9300~14880	14880 以上
④2007 年	1570 以下	1570~3140	3140~6280	6280~11760	11760~18820	18820 以上
⑤2010 年	1740 元以下	1740~3480	3480~6960	6960~13050	13050~20880	20880 以上
三次产业产值结构	A>20%，A>I	A>20%，A<I	A<20%，I>S	A<15%，I>S	A<10%，I>S	A<10%，I<S
制造业增加值占总商品部门比重	0~20%	20%~40%	40%~45%	45%~50%	50%~60%	60%以上
一产就业人口比	60%以上	45%~60%	37.5%~45%	30%~37.5%	10%~30%	10%以下
人口城市化率	0~30%	30%~50%	50%~55%	55%~60%	60%~75%	75%以上
信息化水平指数	0~10	10~30	30~50	50~70	70~100	100 以上
R&D 经费占 GDP 的比重	0~0.5%	0.5%~1%	1%~1.5%	1.5%~2%	2%~3%	3%以上
专利申请受理数（件）	0~11739	11793~58968	58968~117921	117921~235873	235873~294841	294841 以上
新产品产值率	0~5%	5%~10%	10%~17.5%	17.5%~25%	25%~45%	45%以上
每万人城镇单位专业技术人员数（人）	0~200	200~400	400~500	500~600	600~800	800 以上
每十万人口高校在校生人数（人）	0~1000	1000~2000	2000~3000	3000~4000	4000~6000	6000 以上
总资产贡献率	0~5%	5%~15%	15%~22.5%	22.5%~30%	30%~45%	45%以上
工业成本费用利润率	0~5%	5%~10%	10%~15%	15%~20%	20%~30%	30%以上
单位 GDP 能耗（吨标准煤/万元）	2.32 以上	1.74~2.32	1.16~1.74	0.87~1.16	0.58~0.87	0.58 以下
工业用地产出效率（万元/公顷）	0~15	15~45	45~100	100~150	150~300	300 以上
废旧资源循环利用率	0~0.5‰	5‰~10‰	10‰~20‰	20‰~30‰	30‰~50‰	50‰以上
工业"三废"处理率	0~74%	74%~90%	90%~93.5%	93.5%~97%	97%~98.5%	98.5%以上

注：①在"三次产业产值结构"指标中，A、I 和 S 分别代表第一次产业、第二次产业和第三次产业。②指标阈值水平设定的相关说明见表 3.7。

表 3.7 工业化发展阶段评价指标的阈值水平设定说明

评价指标	阈值水平设定说明
人均 GDP（美元）	1. 1964 年和 1970 年的各阶段阈值水平完全采用钱纳里和赛尔奎因（1975、1980、1989）的研究 2. 1996 年的各阶段阈值水平采用郭克莎（2000）的研究 3. 关于 2007 年的各阶段阈值水平设定，根据美国商务部发布的美国 GDP 平减指数（GDP deflator），并参考钱纳里等（1989）的调整方法，本书将 1996 年与 2007 年的价格平减指数确定为 1.265
三次产业产值结构	1. 参考库兹涅茨（1971）与赛尔奎因和钱纳里（1989）的实证研究结果，与陈佳贵等（2006）的研究保持一致 2. 在陈佳贵等（2006）的研究基础上，对该研究中的中期阶段进一步细分为中（前）期和中（后）期
制造业增加值占总商品部门比重	1. 参考联合国工业发展组织（1979）与科迪等（1990）的实证研究结果，与陈佳贵等（2006）的研究保持一致 2. 在陈佳贵等（2006）的研究基础上，对该研究中的中期阶段进一步细分为中（前）期和中（后）期
一产就业人口比	1. 根据配第—克拉克定律，采用陈佳贵等（2006）的研究结果 2. 在陈佳贵等（2006）的研究基础上，对该研究中的中期阶段进一步细分为中（前）期和中（后）期 3. 本指标为逆向指标，在指数化方式上有所区别
人口城市化率	1. 参考赛尔奎因和钱纳里（1989）的实证研究结果，与陈佳贵等（2006）的研究保持一致 2. 在陈佳贵等（2006）的研究基础上，对该研究中的中期阶段进一步细分为中（前）期和中（后）期
信息化水平指数	参考 World Bank，World Development Report（1999/2000）（表 19）内的代表性国家或地区相应数据，并根据国家信息化水平指数测评体系的设计要求设定各阶段阈值水平
R&D 经费占 GDP 的比重	参考了世界银行数据库和联合国工业发展组织数据库中 2005~2006 年数据，并参照各收入水平阶段设定各阶段阈值水平
专利申请受理数	1. 尽管世界银行（2000，表 19）列出了各国专利申请受理数量（No. of Patent Applications Filed），但事实上该指标很难进行国际比较，这是因为申请受理地与统计区域范围的不同导致可比性不强 2. 本书以 2007 年全国获得专利申请受理数最多的江苏省数据（235873 件）作为步入工业化后期的标志水平，并考虑到全国各地区该指标水平差异极大（各国水平也有很大差别），故以广东省该指标水平的 5%、25% 和 50% 分别作为步入工业化初期、中（前）期和中（后）期的标志水平 3. 将广东省该指标水平除以 80% 所获得的数量（235873÷80%=294841），作为后工业化阶段的标志水平 4. 全国平均水平的计算以专利申请受理总数除以地区数量为参照
新产品产值率	由于缺乏其他国家整个经济的相关数据，故在参照部分发达经济国家（地区）的部分行业类似指标水平的基础上，并依据国内各地区现有水平设定各阶段阈值水平

续表

评价指标	阈值水平设定说明
每万人城镇单位专业技术人员数（人）	由于统计口径上的差异，我国的专业技术人员与国际通行的"科学家和工程师数量"（No. of Scientists and Engineers）统计口径相差很远，因此，本书参照"科学家和工程师数量"的国际比较结果，设定该指标的各阶段阈值水平 因 2010 年全国每万人城镇单位专业技术人员数（人）的数据不可得，故采用每万人拥有 R&D 人员数替换
每十万人口高校在校生人数	根据世界部分国家的人均收入水平所处的地位，并参考这些国家的高校在校生人口比重设定各阶段阈值水平
总资产贡献率	参考联合国工业发展组织的部分国家类似指标水平，并参照国内各地区水平设定各阶段阈值水平
工业成本费用利润率	参考联合国工业发展组织的部分国家类似指标水平设定各阶段阈值水平
单位 GDP 能耗	1. 国际通行指标为"单位能源产生的 GDP"（GDP Per Unit of Energy Use）（每千克）。根据 World Bank（2000）（表 10）的数据，1996 年所有发达国家的该指标水平超过了 4 美元（1995 年 PPP 美元）；高收入国家在 1998 年的平均值为 4.6 美元，欧共体国家平均值达到了 5.6 美元 2. 依据 GDP 价格平减指数，本书将步入后工业化阶段的指标标志水平确定为 5 美元（2006 年 PPP 美元） 3. 根据世界银行最新发布的中国 PPP（购买力平价）换算指数（2006 年为3.46），后工业化阶段标志水平折算为人民币为 17.3 元（2006 年 RMB）；再求其倒数，可得步入后工业化阶段标志水平为 0.58 吨标准煤/万元 RMB； 4. 依据同样的折算方法，并根据所确定的相应各阶段"单位能源产生的GDP"指标阈值水平，可以获得表 3.6 中的指标阈值水平 5. 本指标为逆向指标
工业用地产出率	由于只有少量其他国家相关数据，故本指标阈值水平主要依据国内各地区现有水平设定各阶段阈值水平。
废旧资源循环利用率	由于该指标难以进行国际比较，且各地工业基础不同，故参照现有各地区水平设定。
工业"三废"处理率	1. 由于缺乏国际数据，本指标阈值水平主要依据我国现有环保标准设定 2. 步入工业化初期的指标标志水平设定为：工业废水排放达标率、工业废气处理率和工业固体废物处理率标准分别为 80%、60% 和 80%；步入工业化中（前）期的标志水平设定为：三者标准分别为 90%、90% 和 90%；步入工业化中（后）期的标志水平设定为：三者标准分别为 95%、90% 和 95%；步入工业化后期的标志水平设定为：三者标准分别为 100%、90% 和 100%；步入后工业化阶段的标志水平设定为：三者标准分别为 100%、95% 和 100% 3. 根据各权重（0.5、0.3 和 0.2）进行加权计算，可以分别获得步入初期、中（前）期、中（后）期、后期和后工业化阶段的阈值水平分别为：74%、90%、93.5%、97% 和 98.5%

注：个别指标的部分阶段阈值水平的设定，还参考了中国现代化战略研究课题组（2008）、郭克莎（2000）、陈佳贵和黄群慧（2003）、黄群慧（2004）、杨同宇（2004）和苑琳等（2005）等相关研究。

（三）工业化发展阶段评价指标的指数化方式及其含义

1. 指数化方式

根据表 3.6 所确定的工业化各发展阶段的指标阈值水平，有必要将现有指标进行指数化（即折算为相应的指数）。本书分别将前工业化阶段、工业化初期、工业化中（前）期、工业化中（后）期、工业化后期和后工业化阶段的指数设定为 0~20、20~40、40~60、60~80、80~100 和 100。[1] 再应用表 3.6 的指标阈值水平，对现有指标（除"三次产业产值结构"指标外）采用阈值法并通过线性方式进行指数化。

首先要面对的一个难题是如何将人均 GDP 换算为美元。对于这个问题，学术界争议很大，目前比较通用的换算方法有汇率法、购买力平价法（PPP）、大国贸易法、汇率—平价法等，上述方法各有利弊。一般认为，用汇率法计算有弱化市场化程度低的国家的经济实力的倾向，用购买力平价法计算则有强化弱国的嫌疑。经过比较，本书采用既有一定可比性、又有一定完整性的汇率—平价法对人均 GDP 进行折算。[2] 汇率—平价法的计算公式为：

$$人均 GDP（美元）（2010 年）$$
$$= \frac{1}{2} \times \left(\frac{人均 GDP（2010 年人民币）}{人民币对美元汇率（2010）} + \frac{人均 GDP（2010 年人民币）}{PPP 折算系数（2010）} \right)$$

(3.1)

需要特别指出的是，由于本书中所采用的 PPP 折算系数为世界银行"国际比较项目"（International Comparison Program，ICP）的相关数据，而世界银行在 2007 年底大幅调低了采用 PPP 方法折算的中国 GDP 数据，因此，本书将采用最新发布的 PPP 折算系数。[3]

对于表 3.6 中的各个指标，除了"三次产业产值结构"、"一产就业人口比"和"单位 GDP 能耗"三个指标外，对其余各指标的评价均采用式（3.2）

---

① 在本书构建的工业化发展阶段评价体系中，进入后工业化阶段的指数水平统一为 100 的最高值。

② 郭克莎（2000）采用的是 2 倍的 PPP 换算因子进行折算的方法。

③ 根据世界银行于 2007 年末所发布的报告，采用原有 PPP 方法所估计的中国 GDP 严重高估了中国的经济实力。据新的 PPP 方法所估计的中国 GDP 数据，与早前发布的中国 GDP（PPP）数据相比，调低了 40%左右。而在陈佳贵等（2006）的研究中，采用的是世界银行早前发布的 PPP 折算系数，尽管采用汇率—平价法，但该研究仍明显高估了中国的人均收入水平，因为通过汇率—平价法算出的折算系数仍较新发布的 PPP 折算系数更低一些。

所示的线性阈值法进行指数化。

$$y_{ik} = \begin{cases} j_{ik} + 20* \left| \dfrac{x_{ik} - \min_{kj}}{\max_{kj} - \min_{kj}} \right| & (j_{ik} = 0,\ 20,\ 40,\ 60,\ 80) \\ j_{ik} & (j_{ik} = 100) \end{cases} \qquad (3.2)$$

式中，i 表示第 i 个地区或时期；k 表示第 k 个指标；y_{ik} 表示 i 个地区或时期 k 指标的评测值；j_{ik} 表示 i 地区或时期 k 指标所处的阶段（0~100）；j_{ik} 取值区间为 0、20、40、60 和 80；x_{ik} 表示 i 地区或时间的 k 指标的实际值；$\min_{kj}$ 表示 k 指标在 j 阶段的上一阶段阈值；$\max_{kj}$ 表示 k 指标在 j 阶段的下一阶段阈值。

对于指标"三次产业产值结构"，由于该指标的临界值判断涉及两重准则，为简便计，本书根据其所处阶段直接赋予评测值，即 $y_k = j_k$。

对于指标"一产就业人口比"，由于该指标为逆向指标，因此，在式（3.2）中，$\min_{kj}$ 数值比 $\max_{kj}$ 数值更高。

对于指标"单位 GDP 能耗"，它尽管也是一个逆向指标，但它与"一产就业人口比"指标有所不同；"单位 GDP 能耗"指标的倒数值是一个正向指标。因此，在对该指标进行指数化时，不仅 x_{ik} 需要进行倒数计算，而且 $\min_{kj}$ 和 $\max_{kj}$ 也都需要进行倒数计算。

通过上述的指数化方法，可以对相应的工业化发展阶段评价所运用的原始数据进行指数化处理，从而获得各指标的指数。工业化发展阶段评价指数（4 级指数）参见附录 B 的内容。应用工业化发展阶段评价指标的指数化结果，并利用所设计的各等级指数指标的权重设计结果，可以分别计算出工业化发展阶段评价体系的 3 级指数、2 级指数和 1 级指数（总指数）。

2. 指数化方式的含义

对于本书构建的工业化发展阶段评价体系，上述的指数构成指标的指数化方式具有如下三个方面的含义：

（1）绝大多数构成指标指数水平具有国际可比性。特定区域的工业化发展阶段评价体系各等级指数水平可以与当代其他国家或地区相应水平进行比较。它包含两层具体含义：其一，在工业化发展水平方面，其经济发展水平、产业结构、工业结构、空间结构与就业结构的各阶段阈值水平根据经典工业化理论确定，因此它们可以与多数现有研究结果进行国际比较。其二，在工业化发展动力与工业化发展质量方面，因其绝大多数指标反映了时代特征与要求，故多数指标的标准值比照了当代各收入水平国家或地区的相应水平。

因此，依据这些指标的相应指数值所处的阶段水平，可以评判该指标或该类指标在国际上的地位。不过需要注意的是，对于专利申请受理数、废旧资源循环利用率等个别指标，它们的阶段阈值设定很难参照国际经验，因此其指数水平仅反映了与国内领先水平的比较。

（2）所有构成指标指数水平具有纵向可比性。在本书构建的工业化发展阶段评价体系中，由于工业化的各发展阶段阈值水平都具有显而易见的阶段性，因此对于特定区域，不仅所有具体指标的指数水平在各历史时期上都具有纵向可比性，而且在所有等级指数层面上也具有纵向可比性。

（3）同一层面的指标指数具有可加性。本书所采用的指标指数化方式暗示，在所有层面上，同一层面的指标指数具有可加性，即某特定指标的较低指数水平可以通过同一层面的其他指标指数来加以弥补。同样，某特定指标的较高指数水平可以弥补同一层面的其他指标指数。

有必要指出的是，在工业化发展阶段评价体系的相关研究内容中，对涉及货币量纲的指标（共三个指标：人均 GDP、单位 GDP 能耗与工业用地产出率）的指数化，本书未刻意考虑各年度间的通胀率水平。由于在本书中参与比较的年度跨度很小，因此通胀率水平对本书的指数水平结果所造成的影响极其有限。

第四章　浙江省工业化发展阶段及其部分特点分析

一、浙江省工业化发展阶段评价与评价指标贡献分析

（一）浙江省工业化发展阶段评价

根据第三章所引入的工业化发展阶段评价指标的指数化方法，可以分别计算出指标层内各指标的 4 级指数、要素层内各要素的 3 级指数、准则层内各准则的 2 级指数，以及最终的评价总指数（1 级指数）。利用 2000~2010 年浙江省相关指标原始数据，可以获得各级指数（见表 4.1）。

表 4.1　浙江省工业化发展阶段评价结果（2000~2010 年）

各级指数 年份	浙江省工业化发展阶段评价总指数（1级）									
		其中：水平因素指数（2级）		其中：动力因素指数（2级）			其中：质量因素指数（2级）		
		其中：经济发展水平指数（3级）	其中：经济社会结构指数（3级）	其中：信息化进程指数（3级）	其中：科技进步水平指数（3级）	其中：人力资源状况指数（3级）	其中：工业经济效益指数（3级）	其中：可持续发展能力指数（3级）	
2000	39.92	45.20	36.29	48.32	29.89	53.81	22.65	16.78	44.30	43.27	44.99
2001	44.51	52.51	39.97	56.90	32.28	53.81	26.87	18.82	47.50	47.73	47.34
2002	49.02	59.50	42.87	65.32	35.76	58.87	29.94	21.33	49.59	52.00	47.97
2003	50.47	64.55	47.47	70.53	40.08	63.92	35.10	23.66	42.16	30.44	50.01

各级指数\年度	浙江省工业化发展阶段评价总指数（1级）	其中：水平因素指数（2级）		其中：动力因素指数（2级）			其中：质量因素指数（2级）		
		其中：经济发展水平指数（3级）	其中：经济社会结构指数（3级）	其中：信息化进程指数（3级）	其中：科技进步水平指数（3级）	其中：人力资源状况指数（3级）		其中：工业经济效益指数（3级）	其中：可持续发展能力指数（3级）
2004	54.00	69.48	52.11	75.56	41.46	67.18	34.46	26.18	46.20	30.30	56.86
2005	56.41	72.81	56.34	78.57	45.80	70.44	40.23	29.45	44.89	26.08	57.50
2006	59.50	76.48	62.08	81.53	50.76	79.60	44.41	31.41	44.81	26.24	57.26
2007	61.72	79.25	65.35	84.12	53.28	81.40	47.97	33.07	45.88	27.14	58.44
2008	62.86	80.72	69.92	84.49	54.80	82.33	51.71	31.87	46.06	26.66	59.06
2009	66.52	81.37	71.19	84.94	62.43	83.20	61.67	42.79	49.35	26.82	64.45
2010	69.39	84.40	74.62	87.83	64.36	83.20	64.24	45.71	53.12	30.63	68.20

注：①所有各级指数均根据表3.4所列出的权重进行了加权处理。②表中未列出指标层内各指标的指数（4级指数），相关数据参见附录部分内容。

为更加直观，可以根据表4.1所显示的结果绘出工业化发展阶段评价体系的示意图，如图4.1所示。

根据表4.1和图4.1所显示的结果，可以得出如下一些结论：

（1）浙江省从2001年开始步入工业化中期前半阶段［即"中（前）期"］，2007年开始步入工业化中期后半阶段［即"中（后）期"］。

（2）相对于工业化发展的动力因素和质量因素，浙江省在2000~2010年的工业化发展的水平因素上升明显更快。目前，工业化发展水平已达到工业化后期的水平。而工业化发展质量尚处于工业化中期前半阶段［即"中（前）期"］。

（3）从各指标的纵向比较（时间序列）看，1级指数（评价总指数）、所有2级指数和绝大部分的3级指数都呈现总体增长态势。工业经济效益指数却在最近几年内呈显著下滑趋势，但2010年有所好转。

（二）浙江省工业化发展阶段评价指标的贡献分析

应用2000~2010年的浙江省工业化发展阶段评价体系，可以计算出这一段时期内各特定时段的指标贡献率，其计算公式如下：

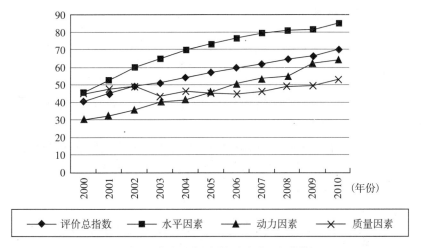

（a）浙江省工业化发展阶段评价（1级与2级指数）

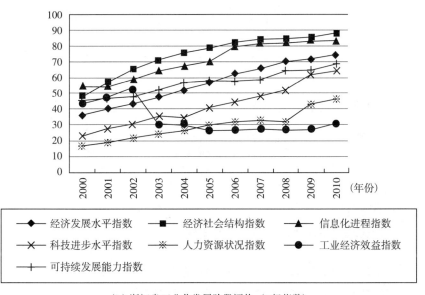

（b）浙江省工业化发展阶段评价（3级指数）

图 4.1　浙江省工业化发展阶段评价指数水平变化

指标i 的贡献率 =

$$\frac{\dfrac{指标\,i\,期末指数 - 指标\,i\,期初指数}{期末总指数 - 期初总指数} \times 指标\,i\,权重}{\displaystyle\sum_j \left(\dfrac{指标\,j\,期末指数 - 指标\,j\,期初指数}{期末总指数 - 期初总指数} \times 指标\,j\,权重 \right)} \times 100\% \qquad (4.1)$$

式中，指标i 为需要进行指标贡献率计算的特定指标；指标j 为指标i 所处等级内的所有指标。

根据式（4.1），并应用 2000~2010 年浙江省工业化发展阶段评价指数水平数据，可以计算出在特定时期内特定指标对浙江省当代工业化发展的贡献率，计算结果见表 4.2。

表 4.2　各指标对浙江省工业化发展阶段评价总指数水平的贡献

单位：%

[指数等级] 指标	"十五" 期间 （2000~2005 年）	"十一五" 期间 （2005~2010 年）	"十五" 和 "十一五" 期间（2000~2010 年）
[2] 水平因素	67.1	35.7	53.2
[2] 动力因素	31.8	47.2	38.6
[2] 质量因素	1.1	17.1	8.1
[3] 经济发展水平	12.2	14.1	13.0
[3] 经济社会结构	55.0	21.4	40.2
[3] 信息化进程	9.1	8.8	9.0
[3] 科技进步水平	14.9	25.9	19.8
[3] 人力资源状况	7.7	12.5	9.8
[3] 工业经济效益	–10.4	3.5	–4.3
[3] 可持续发展能力	12.9	14.0	13.4

注：各等级指数的指标贡献率均按式（4.1）计算产生。

表 4.2 的结果显示，2000~2010 年，在所有工业化发展评价 2 级指数指标中，对浙江省工业化发展评价总指数（1 级指数）增长贡献最高的 2 级指数指标是水平因素，它在 10 年内贡献了总指数增长的 53.2%，而质量因素则是贡献率最低的 2 级指数指标，它对总指数增长仅作出了 8.1%的贡献。事实上，在 2000~2010 年的多数年度中，水平因素对浙江省工业化发展评价总指数的增长贡献最大，而质量因素的贡献在多数年度最低。

进一步考察工业化发展阶段评价 3 级指数指标的贡献可以发现，2000~

2010 年，浙江省的经济社会结构、科技进步水平、经济发展水平和可持续发展能力 4 个 3 级指数指标，对浙江省工业化发展阶段评价总指数增长的贡献较大，信息化进程和人力资源状况的贡献较低，而工业经济效益对总指数增长的贡献甚至为负。这意味着，相对于其他 3 级指数指标，信息化进程和人力资源状况有待进一步推进或改进。更重要的是，表 4.2 的结果再一次表明，工业经济效益是浙江省工业化发展中急需弥补的一块短板。

最后分析新型工业化发展 4 级指数指标（具体指标）对评价总指数增长的贡献状况。在所有具体指标中，对总指数增长贡献最大的具体指标包括：制造业增加值占总商品部门比重、人均 GDP、人口城市化率、专利申请受理数和信息化水平指数；对总指数增长贡献一般的具体指标包括：三次产业产值结构、一产就业人口比 R&D 经费占 GDP 比重、专利申请受理数、新产品产值率、每万人拥有城镇单位专业技术人员数、每十万人口高校在校生人数、工业用地产出效率、单位 GDP 能耗与工业"三废"处理率等；而对总指数增长贡献率为负的指标则包括总资产贡献率。

在上述各具体指标中，制造业增加值占总商品部门比重指标为浙江省工业化发展贡献最高。此外，多数评价指标在 2000~2010 年各年度的贡献率相对较为稳定，但也有一些指标的贡献率在各年度之间波动较大。其中，总资产贡献率指标对总指数增长的贡献率在各年度之间的波动幅度最大，尤其在 2002~2003 年度，其负的贡献率抵消了其他所有指标贡献率之和的 1/2 以上。

二、浙江省工业化发展状况在全国所处的地位

（一）全国及各地区工业化发展阶段评价

应用第三章阐述的工业化发展阶段评价指数计算方法，并利用 2010 年全国各省市自治区相关指标的原始数据，可以获得全国各地区工业化发展阶段评价的各级指数，见表 4.3。

从表 4.3 可以发现，我国总体上仍处于工业化发展阶段的中期前半阶段。至 2010 年，在全国各地区中，共有 6 个省市进入工业化中期后半阶段，包括北京、上海、天津、江苏、浙江和广东；共有 18 个省份处于工业化中期前半

表4.3 全国及各地区工业化发展阶段评价结果（2010年）

各级指数 全国或地区	全国及各地区工业化发展阶段评价总指数（1级）									
		其中：水平因素指数 （2级）			其中：动力因素指数（2级）				其中：质量因素指数 （2级）	
			其中：经济发展水平指数 （3级）	其中：经济社会结构指数 （3级）		其中：信息化进程指数 （3级）	其中：科技进步水平指数 （3级）	其中：人力资源状况指数 （3级）		其中：工业经济效益指数 （3级）	其中：可持续发展能力指数 （3级）
全　国	52.35	60.87	54.23	63.19	51.72	76.60	45.41	36.26	40.42	37.53	44.73
北　京	77.89	95.25	85.24	98.76	85.52	94.07	70.08	100.00	42.67	27.40	65.45
天　津	72.42	90.03	83.74	92.23	70.54	83.73	61.98	70.12	48.43	42.71	56.98
河　北	47.96	60.67	52.72	63.45	39.82	73.40	25.65	27.36	38.95	34.61	45.43
山　西	45.49	56.24	50.00	58.42	42.13	75.50	25.92	32.94	33.58	32.58	35.06
内蒙古	49.46	62.68	68.05	60.81	36.13	73.00	17.32	27.31	46.02	54.21	33.79
辽　宁	59.48	79.11	64.78	84.13	53.71	79.20	43.91	42.86	37.24	34.14	41.88
吉　林	51.32	62.12	56.07	64.24	48.43	73.00	37.65	39.94	38.74	36.27	42.43
黑龙江	48.18	48.20	50.91	47.26	44.69	73.60	30.84	36.44	52.39	59.82	41.30
上　海	77.39	95.27	85.31	98.76	78.77	90.13	71.32	78.54	49.01	34.35	70.87
江　苏	66.76	79.86	71.64	82.74	69.82	81.47	74.17	51.67	43.48	34.31	57.15
浙　江	66.69	81.64	70.90	85.40	65.61	83.20	67.75	44.82	45.71	30.63	68.20
安　徽	50.48	55.57	43.84	59.67	49.01	70.20	48.74	28.23	44.68	38.89	53.32
福　建	59.56	73.33	63.26	76.85	50.66	80.47	40.79	35.56	49.88	40.61	63.72
江　西	50.02	58.92	44.26	64.05	42.36	70.60	32.13	29.38	46.08	39.05	56.57
山　东	59.56	70.11	63.97	72.25	56.23	75.70	56.28	36.69	47.91	41.79	57.03
河　南	48.06	52.89	47.90	54.63	40.97	70.10	30.29	27.75	49.51	50.27	48.38
湖　北	54.83	63.13	51.85	67.07	54.49	73.80	49.22	43.06	42.87	37.35	51.11
湖　南	51.68	55.91	48.22	58.60	50.37	71.80	49.64	30.03	46.96	48.31	44.96
广　东	66.44	81.30	66.34	86.54	63.97	82.40	66.36	41.98	47.29	36.94	62.73
广　西	43.69	47.39	43.08	48.89	39.21	70.60	29.81	21.83	43.65	40.03	49.06
海　南	38.03	33.83	47.20	29.15	33.80	72.20	13.71	25.35	49.48	49.51	49.42
重　庆	55.96	69.14	51.50	75.31	55.18	74.50	55.17	35.88	37.26	30.83	46.85
四　川	47.33	53.43	44.18	56.67	47.55	71.30	44.61	28.18	37.97	35.09	42.26
贵　州	32.98	31.38	29.95	31.88	34.96	68.10	26.17	14.93	32.94	35.92	28.50
云　南	38.68	40.51	35.96	42.10	32.82	67.70	18.51	19.26	43.11	43.29	42.85
西　藏	28.50	23.37	39.54	17.71	25.16	63.60	4.20	17.98	40.21	47.46	29.39

续表

各级指数　全国或地区	全国及各地区工业化发展阶段评价总指数（1级）									
		其中：水平因素指数（2级）		其中：动力因素指数（2级）				其中：质量因素指数（2级）		
		其中：经济发展水平指数（3级）	其中：经济社会结构指数（3级）		其中：信息化进程指数（3级）	其中：科技进步水平指数（3级）	其中：人力资源状况指数（3级）		其中：工业经济效益指数（3级）	其中：可持续发展能力指数（3级）
陕　西	52.81	50.09	50.97	49.78	56.90	77.40	49.71	47.12	51.88	55.09	47.10
甘　肃	37.18	42.82	36.78	44.93	38.10	69.70	24.67	26.51	27.64	25.28	31.17
青　海	37.44	44.62	47.53	43.60	30.82	69.60	12.02	20.09	34.81	43.25	22.21
宁　夏	40.76	51.95	50.66	52.41	37.16	72.10	18.76	29.68	28.44	29.45	26.94
新　疆	37.48	33.66	48.58	28.44	33.81	72.00	16.88	20.86	47.68	62.84	25.05

注：①表中关于浙江省的数据，与表4.1中的数据存在一些出入，这是因为数据可得性的缘故，本表中的个别指标为较早前数据，"信息化水平指数"指标的数据为2009年度数据；而在表4.1中，多数数据为2008年度数据。②所有各级指数均根据表3.5所列出的权重进行了加权处理。③表中未列出指标层内各具体指标的指数（4级指数），相关数据参见附录部分内容。

阶段，包括辽宁、重庆、湖北、吉林、黑龙江、福建、山东、河北、陕西、河南、山西、江西、湖南、宁夏、广西、安徽、四川和内蒙古；其余省（自治区）尚处于工业化初期阶段。

（二）全国各地区工业化发展阶段评价结果排序

根据表4.3的结果，可将全国各地区评价结果进行排序，见表4.4。表4.4的结果显示，总体上看，全国各地区的工业化发展阶段评价总指数、水平因素2级指数与动力因素2级指数三者的排序结果较为接近。这意味着，那些评价总指数较高的地区，其水平因素（经济发展水平与经济社会结构）和动力因素（信息化进程、科技进步水平和人力资源状况）的指数通常也较高。

将1级指数和所有2级指数排序结果进行对比，可以发现，仅有质量因素指数排序与其他指数排序结果存在很大的差异。它暗示着涵盖了工业经济效益（效率）与可持续发展能力等内容的工业化发展质量，仍然与工业化发展水平和工业化发展动力相脱节。从某种程度上来说，在工业化进程中，质量因素仍未引起各级政府的足够重视，它反映了人们在工业化发展过程中"重量不重质"的传统思维。

表 4.4　全国各地区工业化发展阶段评价结果排序

排序 项目 全国 或地区	全国各地区工业化 发展阶段评价总指 数排序 [指数值]	全国各地区工业化发展阶段评价 2 级指数排序		
		水平因素评价结果 排序　[指数值]	动力因素评价结果 排序　[指数值]	质量因素评价结果 排序　[指数值]
北　京	1　[77.9]	2　[95.3]	1　[85.5]	20　[42.7]
天　津	3　[72.4]	3　[90.0]	3　[70.5]	7　[48.4]
河　北	20　[48.0]	14　[60.7]	21　[39.8]	22　[39.0]
山　西	22　[45.5]	16　[56.2]	19　[42.1]	28　[33.6]
内蒙古	17　[49.5]	12　[62.7]	25　[36.1]	13　[46.0]
辽　宁	9　[59.5]	7　[79.1]	11　[53.7]	26　[37.2]
吉　林	14　[51.3]	13　[62.1]	15　[48.4]	23　[38.7]
黑龙江	18　[48.2]	23　[48.2]	17　[44.7]	1　[52.4]
上　海	2　[77.4]	1　[95.3]	2　[78.8]	6　[49.0]
江　苏	4　[66.8]	6　[79.9]	4　[69.8]	17　[43.5]
浙　江	5　[66.7]	4　[81.64]	5　[65.6]	14　[45.7]
安　徽	15　[50.5]	18　[55.6]	14　[49.0]	15　[44.7]
福　建	8　[59.6]	8　[73.3]	12　[50.7]	3　[49.9]
江　西	16　[50.0]	15　[58.9]	18　[42.4]	12　[46.1]
山　东	7　[59.6]	9　[70.1]	8　[56.2]	8　[47.9]
河　南	19　[48.1]	20　[52.9]	20　[41.0]	4　[49.5]
湖　北	11　[54.8]	11　[63.1]	10　[54.5]	19　[42.9]
湖　南	13　[51.7]	17　[55.9]	13　[50.4]	11　[47.0]
广　东	6　[66.4]	5　[81.3]	6　[64.0]	10　[47.3]
广　西	23　[43.7]	24　[47.4]	22　[39.2]	16　[43.7]
海　南	26　[38.0]	28　[33.8]	28　[33.8]	5　[49.5]
重　庆	10　[56.0]	10　[69.2]	9　[55.2]	25　[37.3]
四　川	21　[47.3]	19　[53.4]	16　[47.5]	24　[38.0]
贵　州	30　[33.0]	30　[31.4]	26　[35.0]	29　[32.9]
云　南	25　[38.7]	27　[40.5]	29　[32.8]	18　[43.1]
西　藏	31　[28.5]	31　[23.4]	31　[25.2]	21　[40.2]
陕　西	12　[52.8]	22　[50.1]	7　[56.9]	2　[51.9]
甘　肃	29　[37.2]	26　[42.8]	23　[38.1]	31　[27.6]
青　海	28　[37.4]	25　[44.6]	30　[30.8]	27　[34.8]
宁　夏	24　[40.8]	21　[52.0]	24　[37.2]	30　[28.4]
新　疆	29　[37.5]	29　[33.7]	27　[33.8]	9　[47.7]

在第二章中，本书采用钱纳里和赛尔奎因（1975、1980、1989）等研究成果，以人均收入水平标准对工业化发展阶段进行了简单划分，并根据这一标准分析了工业化各发展阶段的典型特征。为了比较这种划分依据与本书构建的工业化发展阶段评价体系之间的关系，我们可以将全国及各地区的经济发展水平（或人均 GDP）指数与工业化发展阶段评价总指数进行对比，如图4.2 所示。

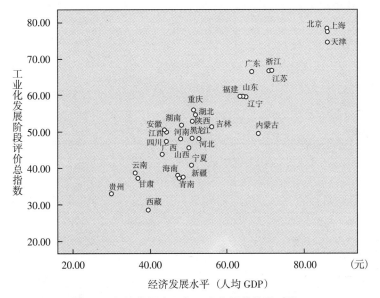

图 4.2　经济发展水平与工业化评价结果对比

图 4.2 清楚地显示了经济发展水平与工业化评价结果之间的关系。总的来看，经济发展指数水平与工业化发展阶段评价总指数水平类比度高，本书关于工业化各发展阶段典型特征的分析结果，也完全适于应用本书构建的工业化发展阶段评价结果的进一步分析。

（三）浙江省工业化发展阶段评价指标水平在全国的序位

根据表 4.3 和表 4.4 的结果，可以将浙江省工业化发展阶段评价指标水平在全国各地区排名中的序位列出，见表 4.5。

表 4.5　浙江省工业化发展阶段评价指标水平在全国的序位（2010 年）

［指数等级］指数或评价指标	指数值	指数值在全国排名中的序位	全国单项指标最高指数值（相应地区）
［1］工业化发展阶段评价总指数	66.7	5	77.9（北京）
［2］水平因素	81.6	4	95.3（上海）
［2］动力因素	65.6	5	85.5（北京）
［2］质量因素	45.7	14	52.4（黑龙江）
［3］经济发展水平	70.9	5	85.3（上海）
［3］经济社会结构	85.4	5	98.8（北京、上海）
［3］信息化进程	83.2	4	94.1（北京）
［3］科技进步水平	67.7	4	74.2（江苏）
［3］人力资源状况	44.8	6	100.0（北京）
［3］工业经济效益	30.6	28	62.8（新疆）
［3］可持续发展能力	68.2	2	70.9（上海）
［4］人均 GDP	70.9	5	85.3（上海）
［4］三次产业产值结构	80.0	—	—
［4］制造业增加值占总商品部门比重	100.0	1	100.0（北京等 10 省市）
［4］人口城市化率	71.6	6	100.0（北京等 3 市）
［4］一产就业人口比	94.1	4	100.0（北京、上海）
［4］信息化水平指数	70.4	4	81.6（北京）
［4］R&D 经费占 GDP 比重	69.2	6	100.0（北京）
［4］专利申请受理数	60.5	3	80.0（江苏）
［4］新产品产值率	75.2	6	98.8（重庆）
［4］每万人拥有 R&D 人员数	43.9	5	100.0（北京）
［4］每十万人口高校在校生人数	45.7	11	100.0（北京）
［4］总资产贡献率	34.4	25	61.8（湖南）
［4］工业成本费用利润率	26.8	29	77.1（新疆）
［4］工业用地产出效率	83.3	2	100（北京）
［4］单位 GDP 能耗	88.5	4	99.8（上海）
［4］废旧资源循环利用率	30.7	3	40.3（云南）
［4］工业"三废"处理率	63.6	5	70.8（北京）

注：①为了与全国其他地区的相应指数值进行对比，指数值采用了表 4.3 和表 4.4 的数据；其中个别数据与表 4.1 略有出入，其原因参见表 4.3 后的注释。②由于三次产业产值结构为简单判断，因此表 4.5 未列出该指标水平在全国的序位及单项指标最高值及其地区。

　　从评价总指数（1 级指数）的情况看，浙江省工业化发展阶段评价总指数在全国的排序中位列第 5。与工业化发展总体水平较高的地区（北京、上海、天津）相比，浙江省与北京、上海和天津在工业化进程中的差距事实上还很大，而与广东和江苏非常接近。从2级指数的情况看，浙江省工业化发展阶段评价的水平因素指数和动力因素指数在全国的序位都相对较为靠前，但质量因素指数的序位略为落后；水平因素指数、动力因素指数和质量因素指数的序位分别为第4位、第5位和第14位。与单项2级指数国内领先地区相比，浙江省在三方面指数上均存在一定差距。从3级指数的情况看，浙江省工业化发展阶段评价的绝大多数3级指数在全国的序位中都较为靠前，但工业经济效益指数的序位非常靠后。从它们与全国排名第1位的地区的相应指数之间的差距来看，工业经济效益指数与第1名地区之间存在很大的差距，人力资源状况指数、科技进步水平指数、经济发展水平指数和经济社会结构指数与第1名地区之间的差距也较为明显。

最后考察4级指数或具体评价指标指数的情况。在所有17个具体指标中，人均GDP（经济发展水平）、制造业增加值占总商品部门比重、人口城市化率、一产就业人口比、信息化水平指数、R&D经费占GDP比重、专利申请受理数、新产品产值率、工业用地产出效率、每万人拥有R&D人员数、工业"三废"处理率、单位GDP能耗和废旧资源循环利用率等指标的实际值在全国的序位都相对较为靠前；每十万人口高校在校生人数指标的实际值在全国处于中等水平；而总资产贡献率和工业成本费用利润率指标的实际值则在全国排序中非常靠后，其中工业成本费用利润率指标实际值在全国居于倒数位置。从具体评价指标实际值与排名全国第1位的地区相应指标实际值进行对比，其中差距特别大的指标包括工业成本费用利润率、新产品产值率、R&D经费占GDP的比重、每万人拥有R&D人员数、每十万人口高校在校生人数、总资产贡献率等。尽管浙江省工业用地产出效率指数在全国排名第2位，但它与排名第1位的地区（上海）之间也尚存在明显差距，上海在工业用地集约利用方面已远远走在全国最前列。另外，在人均GDP、制造业增加值占总商品部门增加值的比重、人口城市化率、一产就业人口比、信息化水平指数和废旧资源循环利用率等指标上，浙江省的相应指数与全国第1名的地区也还存在一定差距。

（四）全国各地区工业化发展阶段排序与聚类分析结果对比

在工业化发展阶段评价体系的构建过程中，相应的指标权重设计、阶段性阈值水平设定与指标指数化方式都是评价体系构建过程中的重要组成部分。这些内容的改变，在一定程度上都将直接影响最终的评价结果。利用17个评价指标原始数据，并应用聚类分析方法，可以获得全国各地区的聚类分析结果。通过将聚类分析结果与全国各地区工业化发展阶段评价排序结果进行对比，在一定程度上可以考察指数体系中指标权重设计、阶段性阈值设定与指标指数化方式的合理程度。

利用17个评价指标原始数据，并应用层次聚类分析方法，可以将全国各地区基于17个评价指标进行聚类。表4.6则显示了特定类别数量与各类别所属个体（地区），图4.3显示了层次聚类分析树状图结果。

表4.6　特定类别数量与各类别所属地区列表

个体（地区）	聚为5类时地区所属类别	聚为4类时地区所属类别	聚为3类时地区所属类别	聚为2类时地区所属类别
北　京	1	1	1	1
天　津	2	2	1	1
河　北	2	2	1	1
山　西	2	2	1	1
内蒙古	2	2	1	1
辽　宁	2	2	1	1
吉　林	2	2	1	1
黑龙江	2	2	1	1
上　海	1	1	1	1
江　苏	3	3	2	2
浙　江	4	4	3	2
安　徽	1	1	1	1
福　建	2	2	1	1
江　西	2	2	1	1
山　东	1	1	1	1
河　南	2	2	1	1
湖　北	2	2	1	1

续表

个体（地区）	聚为5类时地区所属类别	聚为4类时地区所属类别	聚为3类时地区所属类别	聚为2类时地区所属类别
湖　南	2	2	1	1
广　东	5	4	3	2
广　西	2	2	1	1
海　南	2	2	1	1
重　庆	2	2	1	1
四　川	1	1	1	1
贵　州	2	2	1	1
云　南	2	2	1	1
西　藏	2	2	1	1
陕　西	2	2	1	1
甘　肃	2	2	1	1
青　海	2	2	1	1
宁　夏	2	2	1	1
新　疆	2	2	1	1

图4.3和表4.6的结果显示，当聚类的类别确定为2类时，江苏、浙江和广东被聚为一类，其他地区被聚为另一类；当聚类类别为5类时，北京、上海等被聚为第一类，江苏单独聚为一类，浙江单独聚为一类，广东也被单独被聚为第五类，而其他地区被聚为第三类；当聚类类别为6类时，在聚类类别为5类的基础上，上海从第一类中分离出来被聚为一类。

由于聚类分析完全未涉及指标权重设计，而且与指标的标准值设定和指标指数化完全无关，因此通过聚类分析结果与工业化发展阶段评价体系排序结果的比较，在一定程度上可以检验指标权重设计、指标阶段性阈值水平设定和指标指数化的合理性。从上述对比结果来看，本书第三章所构建的工业化发展阶段评价体系具有较强的合理性。

聚类重新标定距离

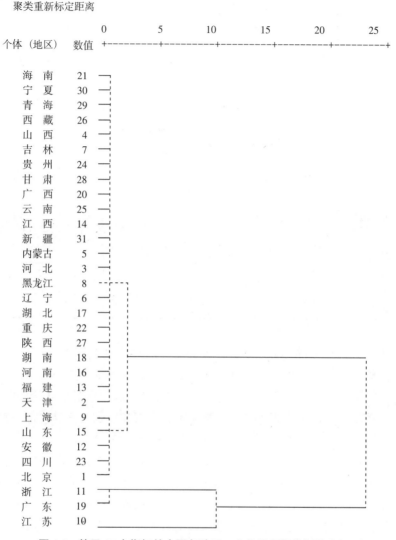

图4.3 基于17个指标的全国各地区工业化进程聚类树状分析

注：①聚类分析所应用的17个指标均为工业化发展阶段评价体系的具体构成指标。②分析方法：层次聚类分析（Hierarchical Cluster Analysis）；聚类方法：组间联系（Between-group Linkage）；数据类型：等距数据（Interval Data）；测量距离类型：欧几里德平方距离（Squared Euclidean Distance）；标准化方式：z值化（均值为0，方差为1）。

三、浙江省工业化发展的区域结构分析

根据第三章所构建的工业化发展阶段评价体系,可以进一步分析浙江省工业化发展的区域结构。通过将浙江省各地区具体指标相应原始数据进行指数化,可以获得评价4级指数(参见附录B),并据此可分别计算出浙江省各地区工业化发展评价3级指数、2级指数和1级指数(总指数),评价结果见表4.7。

表4.7 浙江省各地区工业化发展阶段评价结果

各级 指数 地区	浙江省各地区工业化发展阶段评价总指数(1级)									
	其中:水平因素指数 (2级)			其中:动力因素指数(2级)				其中:质量因素指数 (2级)		
		其中: 经济发 展水平 指数 (3级)	其中: 经济社 会结构 指数 (3级)		其中: 信息 化进程 指数 (3级)	其中: 科技进 步水平 指数 (3级)	其中: 人力资 源状况 指数 (3级)		其中: 工业经 济效益 指数 (3级)	其中: 可持续 发展能 力指数 (3级)
全省	66.6	79.2	70.9	82.2	67.9	88.5	64.2	52.7	46.1	31.5	55.9
环杭州 湾地区	71.3	88.2	85.1	89.3	71.6	90.6	62.2	66.5	45.9	32.0	55.2
杭州	73.4	94.2	87.0	96.7	70.7	99.1	52.4	69.8	45.9	35.1	53.1
宁波	67.9	89.0	87.2	89.6	61.0	94.9	40.9	57.0	45.0	32.8	53.2
嘉兴	66.4	78.8	75.2	80.1	67.5	89.7	55.9	62.7	46.5	29.9	57.7
湖州	60.4	74.6	64.7	78.1	56.6	86.9	42.2	47.9	43.7	29.6	53.2
绍兴	67.5	81.8	71.5	85.4	67.8	87.5	56.0	65.6	45.9	29.0	57.2
舟山	65.0	82.8	72.4	86.5	59.9	85.7	38.4	66.1	44.6	29.1	54.9
温台沿 海地区	61.9	81.2	62.6	87.8	50.5	87.1	35.9	35.8	46.8	29.0	58.8
温州	60.1	79.1	53.6	88.0	49.2	87.0	32.7	36.1	45.1	30.0	55.2
台州	60.7	73.2	57.1	78.8	55.2	87.1	40.9	44.8	48.9	27.7	63.0
金衢丽 地区	56.0	73.1	60.7	77.5	45.4	79.5	30.6	33.2	43.5	31.8	51.3
金华	62.0	83.3	66.5	84.9	50.2	85.9	36.2	35.4	44.5	27.9	55.6
衢州	48.1	61.4	46.0	66.8	40.9	78.9	22.3	30.6	37.0	35.6	37.9

各级指数 地区	浙江省各地区工业化发展阶段评价总指数（1级）									
		其中：水平因素指数 （2级）		其中：动力因素指数（2级）				其中：质量因素指数 （2级）		
		其中： 经济发 展水平 指数 （3级）	其中： 经济社 会结构 指数 （3级）		其中： 信息 化进程 指数 （3级）	其中： 科技进 步水平 指数 （3级）	其中： 人力资 源状况 指数 （3级）		其中： 工业经 济效益 指数 （3级）	其中： 可持续 发展能 力指数 （3级）
丽水	50.5	60.7	41.3	67.5	37.2	73.8	17.0	30.8	51.7	41.1	58.8
11个地市均值	62.01	78.08	66.80	82.02	56.02	86.96	39.52	49.71	45.34	31.63	54.53
11个地市标准差	7.47	10.30	15.63	9.07	10.91	6.77	12.57	15.13	3.59	4.13	6.25
11个地市变异系数	0.12	0.13	0.23	0.11	0.19	0.08	0.32	0.30	0.08	0.13	0.11

注：①所有各级指数均根据表3.5所列出的权重进行了加权处理；②表中未列出的指标层内各指标的指数（4级指数），相关数据参见附录部分内容；③浙江省各地区的信息化水平指数原始数据不可得，故所有地区均用全省水平代替来进行上级指数（2级指数和1级指数）计算；④表4.7中的变异系数（离散系数）是指标准差系数，它是标准差与均值之比。

表4.7的结果表明，浙江省各地区工业化发展较不均衡。总体上看，环杭州湾地区已经步入工业化中（后）期，金衢丽地区仍处于工业化中（前）期，而温台沿海地区总体上刚从工业化的中（前）期向工业化中（后）期发展。在城市层面上，杭州、绍兴、宁波、嘉兴、金华和舟山都已经进入了工业化中（后）期阶段，湖州、台州和温州刚从工业化中（前）发展到工业化中（后）期发展的阶段，而丽水和衢州则尚处于工业化中（前）期。从浙江省11个地级以上城市的工业化发展阶段评价总指数的标准差和变异系数来看，全省11个地级以上城市的工业化发展评价总指数的标准差和变异系数（离散系数）分别为7.47和0.12，它进一步表明浙江省各地区的工业化发展尚不均衡。

进一步考察浙江省各地区工业化发展阶段评价的2级指数。从工业化发展水平指数上看，环杭州湾地区和温台沿海地区已达到了工业化后期标志水平，金衢丽地区达到工业化中（后）期标志水平。从城市层面上看，杭州、宁波、舟山、绍兴和金华的水平因素指标水平达到了工业化后期标志水平；

嘉兴、湖州、温州和台州的工业化发展水平达到工业化中（后）期标志水平，而衢州和丽水的工业化发展水平则刚刚达到了工业化中（后）期标志水平。从动力因素指数和质量因素指数看，在全省三大区域中，仅环杭州湾地区的动力因素指数水平达到工业化中（后）期标志水平，温台沿海地区和金衢丽地区的动力指数水平与三大区域的质量因素指数水平，均仅达到工业化中（前）期标志水平。不过，在城市层面看，动力因素上的发展不均衡状况较为突出，而在质量因素上的发展相对均衡。

最后简单地考察浙江省各地区工业化发展阶段评价的 3 级指数。在经济发展水平（人均 GDP）上，环杭州湾地区达到了工业化后期的标志水平，而温台沿海地区与金衢丽地区则仅达到工业化中（后）期标志水平；在经济社会结构指数上，环杭州湾地区和温台沿海地区达到了工业化后期标志水平，金衢丽地区仅达到工业化中（后）期标志水平。在其他 3 级指数上，全省各地区在科技进步水平和人力资源状况方面的不均衡状况突出。

四、关于未来 10 年浙江省工业化发展阶段的简单预测

为了预测未来 10 年内浙江省的工业化发展阶段，首先需要对浙江未来 10 年工业化发展阶段的相关评价指标发展状况作出一些合理假定。然后，应用这些假定将所有评价指标进行指数化，并根据相应评价指标权重，就可以计算工业化发展阶段评价总指数，并由此可以判断出浙江省在未来 10 年内所处的工业化发展阶段。

（一）关于浙江省未来 10 年工业化发展的一些假设

（1）关于人均 GDP 的估算。我国经济经历了 2000~2007 年的高速增长，从 2010 年开始，随着全球经济形势的恶化以及我国自身经济周期性波动的影响，有理由相信，在未来 10 年内，我国经济增长速度将出现一定程度的回落。鉴于经济结构性等问题的存在，浙江经济增长速度的回落幅度在未来数年内可能超过全国经济增长回落幅度。尽管如此，一般认为，人民币对美元汇率在未来数年内将持续走强，而中国 PPP 对美元的折算系数将总体呈现出

温和上升态势。总的来看，假设未来 10 年内浙江省人均 GDP（汇率—平价法）以略微低于 2000~2010 年的平均速度增长，是较为合理的。按汇率—平价法计算，2010 年浙江人均 GDP 达到 10489 美元。假定 2011 年浙江 GDP 总量达到 9% 的预期增长目标，并考虑到人口数量的变化，以及汇率和购买力平价的变动，本书假定，2011 年浙江汇率—平价法的人均 GDP（2008 年美元）为 11023 美元。

（2）关于三次产业产值结构，根据浙江近年来的产业结构调整力度和目前的走势，本书假定，从 2016 年开始，第三产业产值将超过第二产业产值。

另外，假定浙江省未来 10 年的城市化率按 2000~2010 年的趋势发展，即城市化推进速度开始逐渐减缓，但城市化率仍逐步提高。一产就业人口比、信息化水平指数、R&D 经费占 GDP 比重和新产品产值率等的变化具有类似趋势。

另外，对于每万人拥有城镇单位技术人员数，从 2000~2010 年的趋势看，其增长速度在各年度间相对较为平均，本书假定在未来 10 年仍大致保持这一增长趋势。而对于每十万人口普通高校在校生人数，考虑到 2000~2003 年正处于高校高速扩张的时期，而此后的高校扩张速率明显放缓。为此，假定浙江省未来 10 年的每十万人口普通高校在校生人数大致保持最近两年的增长趋势。

对于总资产贡献率和工业成本费用利润率，由于在 2000~2010 年呈现出总体下滑态势，本书假定在未来 10 年内，浙江省这两个指标开始呈现缓慢上升趋势，并且其上升速度在以后将逐步提高。

对于单位 GDP 能耗，本书依据浙江省的能耗控制目标，浙江省该指标水平每年持续下降 4.68%，并在 2010 年达到比 2006 年降低 20% 能耗水平的目标，同时在此后年度内能耗仍保持一定的下降速度。对于工业用地产出效率、废旧资源循环利用率和工业"三废"处理率，本书均假定未来的指标水平发展趋势大致保持 2000~2010 年的趋势。

基于上述假定，可以获得表 4.8 的评价指标水平在 2011~2020 的预测值。

（二）评价指标预测值的指数化

根据表 4.8 的内容，可以将这些评价指标预测值按本书前面部分所应用的方法进行指数化，指数化结果见表 4.9。

表 4.8 浙江省未来 10 年的工业化预测数据（2011~2020 年）

年份	汇率-平价法的人均 GDP（2008 年美元/人）	三次产业产值结构（%）	制造业增加值占总商品部门比重（%）	人口城市化率（%）	一产就业人口比（%）	信息化水平指数	R&D 经费占 GDP 比重（%）	专利申请受理数（件）	新产品产值率（%）
2011	11023	—	—	61.65	15.8	75.1	1.84	—	19.9
2012	11630	—	—	61.71	14.6	75.4	1.86	—	20.8
2013	12211	—	—	61.75	13.4	75.8	1.88	—	21.6
2014	12822	—	—	62.11	12.3	76.1	1.89	—	22.3
2015	13463	—	—	62.32	11.2	76.4	1.91	—	22.9
2016	14136	—	—	62.51	10.2	76.7	1.95	—	23.5
2017	14843	—	—	62.72	9.7	76.9	1.98	—	24.1
2018	15585	—	—	62.89	9.3	77.2	2.01	—	24.4
2019	16585	—	—	63.12	9.1	77.5	2.05	—	24.7
2020	17585	—	—	63.75	8.9	78.1	2.1	—	25.1

续表 4.8 浙江省未来 10 年的工业化预测数据（2011~2020 年）

年份	每万人拥有城镇单位专业技术人员数（人）	每十万人口普通高校在校生人数（人）	总资产贡献率（%）	工业成本费用利润率（%）	工业用地产出效率（万元/公顷）	单位 GDP 能耗（吨标准煤/万元）	废旧资源循环利用率（‰）	工业"三废"处理率（%）
2011	435.4	2385.0	13.5	6.7	194.2	0.7	5.9	94.2
2012	447.2	2400.0	14.8	6.8	205.2	0.7	6.0	94.3
2013	452.1	2420.0	16.2	6.8	215.3	0.7	6.0	94.3
2014	460.2	2436.0	17.6	6.8	225.2	0.6	6.2	94.5
2015	463.5	2444.0	19.0	6.8	245.1	0.6	6.4	95.1
2016	473.2	2499.0	20.3	6.8	265.3	0.6	6.6	95.2
2017	481.9	2555.0	21.6	6.9	285.9	0.6	6.8	95.3
2018	500.2	2602.0	22.8	6.9	287.8	0.6	6.9	95.3
2019	508.5	2687.0	24.0	6.9	290.1	0.6	6.9	95.3
2020	515.2	2721.0	25.1	6.9	293.5	0.6	7.0	95.4

注：①三次产业产值结构和专利申请受理数指标将在指数化时之间预测。② 制造业增加值占总商品部门比重和废旧资源循环利用率在达到后工业化阶段标志水平后，不必再给出其预测值。

表 4.9 浙江省未来 10 年工业化评价指标指数水平预测值

指标 年份	人均 GDP (%)	三次产业产值结构 (%)	制造业增加值占总商品部门比重 (%)	人口城市化率 (%)	一产就业人口比 (%)	信息化进程 (%)	R&D经费占GDP比重 (%)	专利申请受理数 (%)	新产品产值率 (%)
2011	73.33	80	100	82.20	94.2	83.4	73.6	94.8	60.3
2012	75.32	80	100	82.28	95.4	83.6	74.4	95.1	60.4
2013	77.23	80	100	82.33	96.6	83.9	75.2	95.3	60.5
2014	79.24	80	100	82.81	97.7	84.1	75.6	95.6	60.6
2015	81.05	80	100	83.09	98.8	84.3	76.4	95.8	60.7
2016	82.77	80	100	83.35	99.8	84.5	78.0	96.1	60.8
2017	84.57	100	100	83.63	100.0	84.6	79.2	96.4	60.9
2018	86.47	100	100	83.85	100.0	84.8	80.2	96.7	60.9
2019	89.02	100	100	84.16	100.0	85.0	81.0	97.1	61.0
2020	91.57	100	100	85.00	100.0	85.4	82.0	97.5	80.0

续表 4.9 浙江省未来 10 年工业化评价指标指数水平预测值

指标 年份	每万人拥有城镇单位专业技术人员数 (人)	每十万人口普通高校在校生人数 (人)	总资产贡献率 (%)	工业成本费用利润率 (%)	工业用地产出效率 (%)	单位GDP能耗 (%)	废旧资源循环利用率 (%)	工业"三废"处理率 (%)
2011	47.1	47.7	37.0	53.1	85.9	90.9	23.6	64.2
2012	49.4	48.0	39.6	53.0	87.4	91.8	23.8	64.4
2013	50.4	48.4	43.2	52.9	88.7	92.7	24.1	64.6
2014	52.0	48.7	46.9	52.9	90.0	93.6	24.9	65.9
2015	52.7	48.9	50.7	52.8	92.7	94.5	25.7	69.2
2016	54.6	50.0	54.1	52.7	95.4	95.4	26.2	69.8
2017	56.4	51.1	57.6	52.6	98.1	96.4	27.0	70.0
2018	60.0	52.0	60.8	52.5	98.4	97.3	27.5	70.1
2019	61.7	53.7	64.0	52.5	98.7	98.3	27.7	70.5
2020	63.0	54.4	66.9	52.4	99.1	99.3	27.9	70.8

注：①三次产业产值结构指标的指数水平根据近 10 来年浙江产业结构变化的趋势预测。②对于未来 10 年浙江省专利申请受理数指标的指数值，是在 2000~2006 年的浙江省专利申请受理数增长趋势的基础上，并适当提高了专利申请受理数国内领先水平的标准来预测的。

（三）浙江省未来 10 年的工业化发展阶段预测结果

应用表 4.9 中的评价指标指数值，并根据各评价指标的相应权重，可以计算出浙江省未来 10 年的工业化发展阶段预测结果，见表 4.10。

表 4.10　浙江省未来 10 年工业化发展阶段预测结果

年份	2011	2012	2013	2014	2015
预测指数值	72.84	73.57	74.29	75.11	75.98
所处的工业化发展阶段	工业化中（后）期	工业化中（后）期	工业化中（后）期	工业化中（后）期	工业化中（后）期
年份	2016	2017	2018	2019	2020
预测指数值	76.85	79.34	80.10	80.88	82.46
所处的工业化发展阶段	工业化中（后）期	工业化中（后）期	工业化后期	工业化后期	工业化后期

表 4.10 的结果显示，根据本书的简单预测，未来 8~10 年的时期内，浙江省仍将处于工业化发展阶段的中（后）期阶段。

五、浙江省工业化发展的部分特点

通过对 2000~2010 年度浙江省工业化发展阶段的分析，可以得出关于浙江省工业化发展的基本判断：一方面，浙江省从 2007 年开始步入工业化中（后）期阶段；目前浙江省工业化进程处于全国第 5 位；另一方面，预计今后 6~8 年内，浙江省仍将处于工业化中期后半阶段。

本章前面的分析表明，浙江省工业化发展具有如下一些特点：

第一，近年来，浙江省工业化发展总体上取得了长足的进步。2000~2010 年，浙江省跨越了工业化中（前）期阶段。目前，工业化发展水平已达到工业化后期的水平，而工业化发展质量尚处于工业化中期前半阶段。

第二，2000~2010 年，工业结构的升级对浙江省工业化发展贡献最大。在所有评价指标中，对浙江省近年来的工业化总体发展状况改善贡献最大的指标是制造业增加值占总商品部门比重，它为浙江省工业化发展评价总指数增长贡献了 18.5%。

第三，工业经济效益已成为浙江省新型工业化发展的短板。尽管近年来浙江省工业化发展总体态势良好，并且在绝大多数评价指标上都呈现出总体增长的态势，但工业经济效益却在最近几年内呈现出明显下滑的趋势。

第四，总体上看，浙江省工业化发展的区域结构较不均衡。环杭州湾地区已经步入工业化中（后）期，金衢丽地区仍处于工业化中（前）期，而温台沿海地区总体上刚从工业化的中（前）期发展到工业化中（后）期发展。在城市层面上，杭州、绍兴、宁波、嘉兴、金华和舟山都已经进入了工业化中（后）期阶段，湖州、台州和温州刚从工业化中（前）发展到工业化中（后）期发展的阶段，而丽水和衢州则尚处于工业化中（前）期。

下面通过对浙江省产出结构和经济增长的部门贡献的分析，对比工业化中期后半阶段的工业化阶段特征。首先分析浙江省的产出结构。先考察工业和制造业增加值占 GDP 的份额变化情况。图 4.4 显示了 2000~2010 年浙江省工业和制造业增加值占全省 GDP 的份额变化情况。

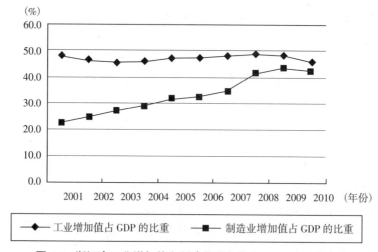

图 4.4　浙江省工业增加值和制造业增加值占 GDP 比重的变化

资料来源：根据《中国工业统计年鉴》（2010）、《浙江统计年鉴》（2001~2011）等相关数据经计算后绘出。

从图 4.4 可知，2000~2010 年，在浙江省产出结构中，工业增加值占全省 GDP 的份额接近一半。在这一时期内，浙江省工业增加值占 GDP 的比重一直较为稳定，保持在 46.0%~49.2%。不过，制造业增加值占 GDP 比重则一直保持着持续的快速上升趋势，并在 2008 年达到了 43.6% 的历史高位。根据本书第二章关于工业化内在特征分析的内容，对比图 4.4 和图 2.3 可以发现，近年来浙江制造业增加值占 GDP 的比重持续上升趋势符合浙江所处的工业化阶段的相应特征。

再考察制造业部门和服务业部门的增加值增长状况。图 4.5 显示了 2000~

2010 年浙江制造业和服务业部门的名义增加值增长状况。

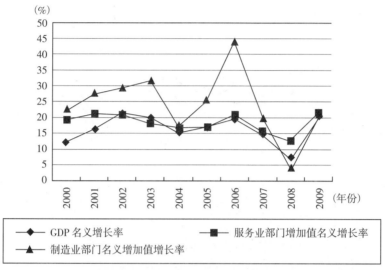

图 4.5 浙江省制造业部门名义增加值和服务业部门名义增加值增长状况

资料来源：根据《浙江统计年鉴》（2001~2010）等相关数据经计算后绘出。

图 4.5 显示，2000~2010 年，浙江制造业增加值的增长速度一直高于服务业增加值增长速度。将图 4.5 与图 2.4（a）对比可以发现，浙江省制造业部门增加值在工业化进程中的增长趋势也符合浙江所处的工业化发展阶段的相应特征。有所区别的是，由于浙江经济的增长速度较高，其名义 GDP 增长率接近了 20%，因此，制造业增加值增长速度也相对于多国模型中的样本国家（地区）更高。

最后简单分析浙江经济增长的部门贡献结构。这里仅分析 2000~2010 年制造业部门和服务业部门对浙江经济增长的贡献，而不考虑初级产品部门（包括农业部门和矿业部门）的贡献，如图 4.6 所示。

根据图 4.6 所显示的结果，在 2003 年以前，浙江经济增长中服务业部门的贡献较制造业更高；2003~2005 年，制造业与服务业部门对浙江经济增长的贡献比较相互交错，但大致比较接近；2006 年以后，制造业部门对浙江经济贡献比服务业部门更高。对比图 2.6 所显示的多国模型可以发现，浙江经济增长的部门贡献结构变动趋势也基本符合所处工业化阶段的相应特征。

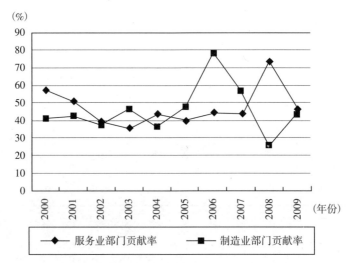

图 4.6 浙江经济增长中的部门贡献结构的变化

资料来源:《浙江统计年鉴》(2001~2010 年) 等相关数据经计算后绘出。

  根据上述分析内容,总的来看,浙江省工业化进程中的主要经济特点还包括:从总产出、产出结构与经济增长的部门贡献结构上看,近年来浙江省的工业化发展符合所处工业化阶段的相应特征。

第五章 技术进步和产业结构变动
对浙江经济增长的影响

一、经济增长理论与经济增长方式
转变的国际经验

（一）经济增长理论的演进与经济增长方式内涵的变迁

增长方式的内涵同经济增长理论密切相关。经济增长理论随着各个国家经济增长实践的发展而不断演进。经济增长理论的不断更新不断赋予增长方式以新的内涵。这同样意味着集约型增长方式内涵并非是固定不变的。

作为以增长为对象的经济增长理论，主要任务是分析各个经济增长的要素在经济增长中的作用。最初的经济增长模型是新古典增长的生产函数。经济增长理论的发展轨迹表明，各个学派的经济增长理论关注的是经济增长的根源，依据生产函数着力寻找促进经济增长的核心要素。因此，经济增长理论的发展，从根本上说是反映决定经济增长的核心要素变化的理论概括的发展（洪银兴，1999）。从这种变化中也可以发现增长方式内涵的发展变化。

产生于 20 世纪 40 年代的哈罗德—多马模型的基本假定是：任何经济单位的产出，取决于向该单位投入的资本量和资本效率。哈罗德—多马模型关注的是资本积累在经济增长中的决定性作用。但是，经济增长的实践暴露了哈罗德—多马模型的缺陷。它无法解释在不同的国家，相同的资本积累水平下，存在相当大的经济增长差异的根本原因。针对哈罗德—多马模型的缺陷，索洛（Solow）和丹尼森（Denison）等人的增长模型指出了除资本要素以外的其他要素对经济增长的作用。他们所运用的生产函数包含了更多的生产要素，特别是突出了投入要素效率的提高对经济增长所作出的贡献。在此基础上，索洛等人又进一步将生产函数转换为能够测度每种投入对经济增长贡献的形式。根据他们对增长的原因测度的结果，投入要素的效率提高在增长率中所起作用的份额越来越大。这意味着经济学家所关注的经济增长的核心要素开始转向各种投入要素的质量。这也反映了经济增长方式转变的基本内涵的发展。

索洛在 1957 年提出全要素生产率（Total Factor Productivity，TFP）分析方法，并根据此方法验证的结果发现：资本和劳动的投入只能解释 12.5% 的经济增长，余下的份额就要由技术进步来解释。在他看来，技术进步是对经济增长长期起作用的持续性要素，因此在增加资本投入推动经济增长时必须与技术创新、技术改造和技术引进结合起来。丹尼森把对经济增长起作用的因素归结为五类：①劳动投入在数量上的增加和质量上的提高。②资本和土地投入在数量上的增加和质量上的提高。③资源配置的改善。④规模的经济。⑤知识进展和它在生产上的应用。在他看来，资本、劳动和土地等投入要素质量的提高，及后 3 类因素属于全要素生产率的范畴。在相同的生产要素投入中获得更多的收入，就要用这种全要素生产率的增长来说明。全要素生产率的增长便成为集约型增长方式的基本内涵。在丹尼森的分析框架中，经济增长的因素分为过渡性因素和持续性因素两类。资源配置的改善和规模经济属于过渡性因素，唯有知识的进展、技术的进步能持续地对经济增长作出贡献。这意味着经济的增长，技术进步因素将越来越成为集约型增长方式的主要说明因素。

20 世纪末，在世界经济中，以知识创新为基础的知识经济的特征越来越明显。这种经济增长现象在经济理论上的反映便是产生新增长理论。新增长理论肯定新古典增长理论关于技术进步是增长的决定要素的思想，但不同意新古典理论将技术进步看做经济系统的外生变量的思想方法。新增长理论从内生性技术进步出发解释了技术进步的源泉以及由此产生的经济增长效应。

根据罗默的增长理论，在信息时代，生产已不是仅仅由资本和劳动两大要素组成，知识是推动增长的一个独立的要素，知识的积累是促进现代经济增长的决定性要素。罗默认为，内生性技术进步是指技术进步成为经济系统的内生变量，技术进步率应该被经济中用于研究和开发的资源所占份额所决定。由于研究部门生产的知识可以获得知识产权保护，因此知识具有非竞争性和部分排他性。知识不同于其他产品之处在于具有溢出效应。因此，资本的边际生产的社会收益率高于厂商的私人收益率，它可能产生的负效应是厂商用于知识生产的投资太少。这就提出了政府干预经济的要求。

卢卡斯的增长模型也属于新增长理论，其基本假定与罗默的增长模型是一致的，不同之处在于将上述模型中的知识积累改为人力资本积累。其基本思想是：人力资本积累是经济增长的源泉。人力资本积累也具有内生性特点。人力资本积累也会产生提高全社会生产率的收益递增的外部正效应。各国的生产率差别可以用人力资本积累水平的差别来说明。

上述关于新增长理论的分析进一步指出了增长方式的基本内涵在当前时代的发展。决定经济增长的物质因素、人力因素已经弱化，技术、知识、人力资本等因素的作用已经强化。转向集约型增长方式意味着重视知识的创新、技术的进步和人力资本的投资。

（二）经济增长方式转变的国际经验

1. 先行工业化国家的经验

先行工业化国家在既定制度下突出发展高新技术，实现经济增长方式的战略转变。美国、日本、德国等先行工业化国家经济先后实现经济增长方式由工业化到再工业化的根本性转变，实现这一转变的做法主要包括（李京文，1996；刘运河，2007）：

（1）注重对传统产业进行技术改造。发达国家从 20 世纪 70 年代开始，又着手对钢铁、汽车、造船、化工等工业部门进行广泛而深入的技术改造。应用战后新技术革命的成果，将信息技术推广到各个部门和领域，使传统工业部门再工业化，促进国民经济向更高的技术层次转化。

（2）注重科技创新与应用，大力发展高新技术产业。发达国家采取的措施主要有：加强对科技发展的宏观管理与协调；确定科技发展的目标与重点；增加研究与开发投资。发达国家在过去几十年时间内，科技研究经费增长速度高于国民生产总值增长速度，其研究与开发投资占国内生产总值比重平均在 2.6%~3.0%。同时，加强政府、企业和大学之间的横向联合，组成新技术开发托拉斯，加速科技成果向生产力的转化。

（3）通过资本积聚和集中，不断扩大规模，提高企业的规模效益。大型企业跨国联合，可以形成规模效益，既能提高各种生产要素和副产品的利用率，扩大经营活动空间，又能增加产品的市场占有率，提高企业的国际竞争力。

（4）改进企业生产方法和经营管理方法，不断提高产品质量和经济效益。20世纪70年代以来，发达国家根据电子化、信息化的特点，逐渐改变大量生产单一产品的经营方式，开始实行小批量、多品种的"柔性生产"和最大限度地减少库存的"精益生产"方式，从而有效地提高了产品质量和经济效益。

2. 东亚新兴国家或地区的经验

东亚国家和地区突出资源优化配置与产业结构调整，实现经济增长方式的转变。东亚国家和地区转变经济增长方式，强调资源合理配置和产业结构升级。其主要做法是（Kanatsu，2007；李京文，1997；刘运河，2007）：

（1）大力筹措发展资金，争取较高的投资效益。长期维持较高的储蓄率和投资率，不断增加生产要素的投入，是东亚经济发展的一个显著特点。为了保持较高的投资率，一方面，鼓励居民参加储蓄，以较高的储蓄率来满足经济起飞的资金需求；另一方面，对外国资本实行高度的开放政策，抓住国际间资金流向扩大的有利时机，全方位、多渠道地利用外资。

（2）积极推行产业政策，适时调整产业结构。为了赶上西方发达国家，东亚各国政府十分注意运用市场机制和政府行为，对经济发展实行宏观调控，其重要一环就是有计划、有重点地推行产业政策，不失时机地调整产业结构，大力发展适合本国国情和世界市场的战略产业。

（3）高起点引进先进技术和设备，尽快形成科技产业化。东亚为转变经济增长方式和促进经济效益不断提高，高起点地从国外引进先进、实用、适用的技术，并将其运用到重点产业部门，使引进的高新技术迅速产业化并逐渐形成新的产业部门。

（4）重视全民教育，不断提高劳动者素质。东亚普遍重视全民教育以提高劳动者素质。世界银行统计数字表明，东亚劳动力受教育时间平均每增加一年，国内生产总值相应的年平均增长率则上升3.4%。由此可见，大力举办全民教育，努力开发人力资源，是东亚经济增长方式转变的一条重要措施。

二、全要素生产率研究综述

全要素生产率，又称综合要素生产率，是经济增长研究领域的一个重要概念，它主要反映资本、劳动等所有投入要素的综合产出效率。国外学者在TFP的基础理论和测量方法方面做了许多开创性的研究。TFP被引入中国以后，国内学者主要是运用国外的理论和方法对中国经济作了大量的实证研究。尤其是近年来的研究成果表明，国内的TFP出现了下降趋势，许多学者也在尝试从多方面、多角度对TFP进行分析，并且运用的理论和方法也存在较大的差别。

（一）全要素生产率的国外研究综述

国外对TFP的研究历史可以追溯到第二次世界大战结束之后。当时，经济增长已经成为各国学术界研究的一个重要主题，而TFP的研究正是在此经济增长理论以及生产理论的框架下衍生并逐渐形成了一个重要的分支。

经济增长研究是建立在某种总量生产函数的概念之上的。它起源于柯布—道格拉斯生产函数，这一模型的最初目的是揭示市场经济的生产规律。荷兰经济学家Tinbergen首先把这一生产函数用于研究经济增长问题，他在生产函数模型中增加了一个用以表示生产效率的时间趋势。自此，国外的学者开始了对TFP的理论、方法、应用等各方面的研究。

国外学者在TFP的基础理论和方法论方面做了许多开创性的研究，取得了很多重要成果，国内学者现在所用的分析理论和方法多数是在此基础上发展而来的。索洛（1957）在《经济学与统计学评论》上发表了一篇名为《技术进步和总量生产函数》的经典文章，文章把总产出看做资本、劳动两个投入要素的函数，从总产出增长中扣除资本、劳动力带来的产出增长，所得到的"剩余"（索洛剩余，Solow Residual）作为技术进步对产出的贡献，从而开创了经济增长源泉分析的先河。他的研究结果表明，美国在1909~1949年的经济增长超过80%要归功于技术进步。后人将此种计算生产率的方法称之为索洛余值法（或称索洛残差法）。索洛余值法通过一些前提假设将复杂的经济问题简化处理，主要包括：市场条件为完全竞争市场；技术进步是非体现型的、希克斯所定义的中性技术进步；生产要素投入主要是资本和劳动，且资本和劳动在任何时候都可以得到充分利用等。但它也存在着一些明显缺陷：索洛残差法建立在新古典假设即完全竞争、规模收益不变和希克斯中性技术基础上，这些约束条件很强，往往难以满足；在具体估算中，由于资本价格难以准确确定，所以利用资本存量来代替资本服务，忽略了新旧资本设备生产效率的差异以及能力实现的影响。此外，索洛余值法用所谓的"剩余"来度量全要素生产率，从而无法剔除测算误差的影响。上述这些因素都不可避免地导致全要素生产率的估算偏差。显然，"剩余"不仅包含了狭义的技术进步，还包括了其他因素的影响，如市场环境的改善、自然灾害的减少、劳动质量的提高等。如果不能区分这些因素，将直接导致技术进步贡献力的高估。

此后，美国经济学家 Denison 提出了用增长核算法来计算 TFP。他认为，Solow 测量的技术进步之所以存在一个较大的 TFP 增长率，提因为其居资本与劳动之后。在 TFP 研究的初期，多数学者采用增长核算法来测量 TFP。随着研究的深入，又出现了一些新的计算方法。如 Farrell（1957）首次通过构造确定性的生产前沿面，来测量技术效率。Aigner 等（1977）首次采用包含随机误差的随机生产前沿模型。Charnes 等（1978）首次提出了数据包络分析法。Malmquist 指数方法也是一种被广泛采用的方法，它是基于数据包络分析法而提出的。1982 年，Caves 等提出了由 Tornqvist 推算出 Malmquist 指数的计算方法，并首度将此指数作为生产率指数使用。

邹至庄（Chow）是较早对中国经济问题研究的国外学者。他从 20 世纪 80 年代就开始关注中国的经济发展。他主要的研究工具是总量生产函数。邹至庄（1993）对中国 1952~1980 年农业、工业、建设业、交通运输业和商业五个行业的生产函数进行估计，测算了资本对经济增长的贡献。他认为这个时期，中国没有技术进步，是资本投入推动了经济的增长。邹至庄和李等（2002）再次通过估计 C-D 生产函数，来解释 1952 年以来中国的经济增长。结果表明，中国在 1952~1978 年的 TFP 保持不变，1978~1998 年的 TFP 年均增长率为 2.7%，1978~1998 年资本、劳动、TFP 对经济增长的贡献分别为 62%、10% 和 28%；他们的文章认为，鉴于资本对 GDP 的高贡献率和较高的产出弹性，即使 TFP 在以后的 10 年间有所下降，中国经济仍然能够保持至少 7% 的增长率。

（二）全要素生产率的国内研究综述

中国对生产率的研究起始于 20 世纪 50 年代，但在一个较长的时期内，我国的生产率研究主要局限于劳动生产率。20 世纪 50 年代末，我国开始注意技术进步对生产发展的重大作用，提出了技术革命和技术革新的任务。60 年代，中国经济学界将提高投资效果和提高劳动生产率都列为提高经济效果的重要途径，并在这方面做了有益的探索。改革开放之后，通过引进和学习国外的研究成果，国内也逐步加强了对中国生产率和经济增长的研究。自 80 年代初期开始，中国经济学界开始较多地对 TFP 进行研究。其中，史清琪（1985）较早地开展了度量我国技术进步的研究；魏权龄（1988）首先将测度相对效率的 DEA 方法引入中国，促进了 DEA 方法在国内的普及和推广。我国目前 TFP 的研究，多数是建立在西方经济增长理论和研究方法之上。下面将就几方面内容对国内研究进行简要回顾。

1. 国内某些行业或不同类型企业的生产率研究

谢千里等（1995）测算了 1980~1992 年中国工业生产率的趋势，发现 1988~1992 年工业生产率增速减缓，主要原因有三个：设备利用率下降、国企改革的选择性差异以及国有工业的资本收益率下降。郑玉歆等（1995）认为，不同的行业由于其技术性质的不同以及产品所处的生命周期阶段的不同，生产率变动的模式以及技术进步的模式往往也不同。姚洋（1998）采用第三次工业普查的资料研究了非国有经济成分对我国工业企业技术效率的影响，发现三资企业的技术效率明显高于国有企业的技术效率。刘小玄（2000）研究了国有企业与其他类型企业的效率差异问题。结果表明，在不同所有制类型的企业中，私营个体企业效率最高，三资企业其次，股份制和集体企业再次，国有企业效率最低。郑京海和刘小玄等（2002）对 1980~1994 年的 700 个国有企业样本采用 Malmquist 指数法，考察了企业的生产率。研究结果表明，尽管生产率有所增长，但主要来源是技术进步而不是技术效率。涂正革和肖耿（2005）研究了 1995~2002 年部分大中型工业企业 TFP 的增长趋势，发现以 1998 年为分割点，生产率的增长趋势是前降后升。

2. 宏观经济和区域经济生产率研究

生产率是衡量经济发展质量的一个很重要的指标，加强生产率的研究对及时调整产业结构、合理配置资源以及防止经济增长泡沫具有重要的参考作用。国内学者在这方面也做了许多卓有成效的研究。叶裕民（2002）运用经济增长核算模考察了 26 个省份的 TFP，发现经济增长比较快的省份反而比经济增长相对较慢的省份 TFP 的贡献要低。张军和施少华（2003）运用 C-D 生产函数通过对 1952~1998 年中国经济统计数据的回归分析，发现中国经济的 TFP 在改革开放以后有了明显的提高。胡鞍钢和郑京海（2004、2005）发现中国的 TFP 在 20 世纪 90 年代以后呈现下降趋势，并分析了 TFP 下降的各种原因，如过早地进入资本深化过程、创造就业岗位越来越少、出现了下岗和失业高峰、收入分配越来越不平等、各类寻租活动活跃等。郭庆旺和贾俊雪（2005）的研究结果表明，从 1993 年以来中国生产率出现下降趋势，直到 2000 年以后出现上升势头。他们认为，其原因主要在于技术进步率偏低、生产能力没有得到充分利用、技术效率低下和资源配置不尽合理。

3. TFP 的要素投入度量、发展规律等其他方面的研究

郑玉歆和许波（1992）对计算生产率中的资本存量和资本投入度量的若干重要概念和基本框架进行了讨论。李京文等（1993）采用了 Jorgenson 方法，分析比较了中、美、日三国生产率与经济增长的关系。郑玉歆（1998、1999）针对学术界对东亚是否存在增长奇迹的争论，提出了自己的观点。他认为，不同的计算方法会导致不同的 TFP 结果，且 TFP 的增长规律与经济发展阶段是紧密相连的。他还进一步提出，TFP 对经济增长的高贡献率一般只有进入经济增长减速的成熟期才会发生。李京文和钟学义（1998）主编的《中国生产率分析前沿》发展了生产率的新概念，结合中国的实际情况，对要素投入的测算方法进行了研究和改进。孙巍（2000）研究并建立了生产领域资源配置效率测定的理论体系，并对我国工业企业的资源配置效率进行了实证研究。易纲等（2003）认为新兴经济国家由于与发达国家的投资方向不同，导致其技术进步机理也不同，因此 TFP 的测算方法也应有所区别。颜鹏飞和王兵（2004）认为，由于技术进步减慢，1997 年之后全要素生产率的增长出现了递减，且技术进步已成为各个地区生产率差异的主要原因。

4. 对浙江省全要素生产率的研究

在上述一些研究中，对中国各省市都进行了全要素生产率的研究，如叶裕民（2002）、岳书敬和刘朝明（2006）、郭庆旺等（2005）。在这些研究中，对包括浙江省在内的全国各地区全要素生产率进行了估计。叶裕民（2002）的研究结果显示，浙江省在 1979~1998 年的 TFP 增长率为 47.7%。其中，1979~1988 年的 TFP 增长率为 49.4%，1989~1998 年的 TFP 增长率为 45.7%。岳书敬和刘朝明（2006）的研究表明，在 1996~2003 年，浙江省的平均 TFP

增长率为 1.0114%。郭庆旺的研究结果显示，在 1979~2003 年，浙江省的几何平均 TFP 增长率为 2.068%。

此外，张小蒂和李晓钟（2005）对包括浙江省在内的长三角地区全要素生产率进行了研究。他们的研究结果表明，在 1978~2003 年，浙江省的年均 TFP 增长率为 2.182%，在长三角地区中排名第一位。对于这一研究结果，他们认为有两方面的原因：①与我国其他地区相比，浙江在个私经济为主的民营经济发展方面在全国领先，其区域经济发展中以民营经济推动为主的特色很明显。②浙江经济的快速发展靠的是体制上的先发优势和浙江人艰苦创业的精神，走的是典型的"内源型"发展模式，在技术进步方面也表现出与其他地区不同的特点，主要表现在：一是浙江存在一批具有商业头脑和市场直觉的民间企业家，他们以市场需求为导向进行技术创新；二是技术溢出效应较明显。民营企业获得技术外溢的动力极强；三是浙江生产结构以轻工业产品为主，与高新技术产品相比，其技术创新投入产出周期较短。

另外，浙江省科协（2004）、战明华和史晋川（2006）、刘亚军和倪树高（2006）对浙江省的 TFP 进行了研究。浙江省科协（2004）的研究表明，在 1978~1983 年、1983~1988 年、1990~1995 年、1995~2000 年、2000~2003 年，浙江省的 TFP 增长率分别为 2.69%、5.42%、8.27%、3.62% 和 3.49%。战明华和史晋川（2006）的研究同时采用了新古典经济增长模型与新经济增长模型对浙江省 TFP 增长率进行了测算。他们的研究结果显示，在新古典经济增长理论框架下，在 1978~2003 年，浙江省的 TFP 增长率经历了剧烈的波动，总体上浙江的 TFP 增长率要高于全国平均水平，但这种差异是在 20 世纪 90 年代中期形成的，此后两者具有趋同倾向。他们认为，产出这一结果的原因在于两者在企业产权形式、民间金融体系等方面存在着差异。刘亚军和倪树高（2006）的研究结果表明，1978~1983 年、1984~1989 年、1990~1999 年、2000~2004 年和 1978~2004 年，浙江省的全要素贡献率分别为 73.3%、55.14%、70.71%、48.43% 和 63.16%。他们还认为，全要素生产率之所以没有上升，主要原因在于资本投入较高，进而使得资本收益率不断下降，并且在资本投入增加的同时，劳动投入却没有获得相应的增长，这就进一步恶化了全要素生产率的增长。

三、全国与浙江省广义技术进步对经济增长的影响

（一）模型设定

对全要素生产率模型的估计可以采用多种不同的理论模型，如新古典增长模型或新增长模型等。我们将采用在国内获得广泛应用的新古典增长模型来估计浙江省在近 10 年来的全要素生产率模型。

新古典增长模型假定，技术外生且生产函数满足稻田条件（Inada Conditions）。假设资本 K 与劳动 L 是仅有的要素投入且技术进步 A 是希克斯（Hicks）中性的，则经济中的生产函数可以写成如下形式：

$$Y_t = A_t \cdot F(K_t, L_t) \tag{5.1}$$

式（5.1）可变形为如下计算公式：

$$TFP = \frac{d(A_t)}{A_t} = \frac{d(Y_t)}{Y_t} - \left[\frac{\partial Y_t}{\partial K_t} \cdot \frac{K_t}{Y_t} \cdot \frac{d(K_t)}{K_t} + \frac{\partial Y_t}{\partial L_t} \cdot \frac{L_t}{Y_t} \cdot \frac{d(L_t)}{L_t} \right] \tag{5.2}$$

式中，d（A_t）/A_t 为全要素生产率（TFP），它通常被认为是技术进步的增长率；d(Y_t)/Y_t 为产出的增长率；d(K_t)/K_t 和 d(L_t)/L_t 分别为资本投入和劳动投入的增长率。

显然，式（5.2）中的 TFP 值是广义的，其经济含义是，用索洛余值表示的全要素生产率等于经济增长率减去资本的产出弹性与资本的增长率之积以及劳动的产出弹性与劳动的增长率之积的和。需要特别加以说明的是，式（5.2）的推导并不依赖于生产函数中的技术中性形式的具体假定，在哈罗德中性的条件下，同样可以获得式（5.2）的结果。由此可知，式（5.2）是 TFP 的一个一般性表达式，它基本不依赖于对生产函数的特殊假定。

进一步假定式（5.1）为柯布—道格拉斯生产函数（Cobb–Douglas Production Function），那么式（5.1）可以改写为下式：

$$Y_t = A_0 \cdot e^{\alpha_T \cdot t} \cdot K_t^{\alpha_K} \cdot L_t^{\alpha_L} \tag{5.3}$$

由式（5.3），可得其计量经济学模型为：

$$\ln Y_t = \ln A_0 + \alpha_T \cdot t + \alpha_K \cdot \ln K_t + \alpha_L \cdot \ln L_t + \varepsilon_t \tag{5.4}$$

（二）数据获取与数据的初步处理

在本书中，模型中所涉及的产出、资本和劳动等相关原始数据，我们将采用《中国统计年鉴》、《浙江统计年鉴》、《中国国内生产总值核算历史资料（1996~2000）》、《中国固定资产投资统计数典》、《中国固定资产投资统计年鉴》等的统计数据，以及其他一些现有研究成果。此外，用于进行价格平减的价格指数完全来自统计年鉴。

在式（5.4）中，产出 Y 采用学术研究中通常应用的 GDP 总量来表示，GDP 总量需要经过价格平减。由于统计年鉴中关于 GDP 价格平减指数计算的不变价 GDP 数据不完整，故价格平减指数采用消费者价格指数。劳动投入采用就业人口总量，它也是学术书中常应用的指标。这些变量的相关数据可以从统计年鉴中获得。

资本存量无法从统计年鉴中直接获取。在本书中，资本存量 K 的计算采用张军等（2004）提出的方法，即特定年度资本存量为经折旧后的上一年度资本存量与当年度新增固定资产投资总额之和，见下式。

$$K_t = \frac{I_t}{P_t} + (1 - \delta_t) \cdot K_{t-1} \tag{5.5}$$

式中，K_t 为 t 年的实际资本存量；K_{t-1} 为 t-1 年的实际资本存量；P_t 为固定资产投资价格指数；I_t 为 t 年的名义固定资产投资总额；δ_t 为 t 年的固定资产的折旧率。

对于本书中全国与浙江省在基年（1995 年）的资本存量，采用张军等（2004）所估计的数值；折旧率仍沿用张军等（2004）所应用的 9.6% 年折旧率水平。

表 5.1 和表 5.2 分别显示了全国与浙江省全要素生产率估计的相关原始数据（更详细的相关数据参看附录 E 中的表 E.1 和表 E.2）。

（三）统计分析与结论

1. 规模报酬变化假设条件下的全要素生产率估计

在规模报酬变化的假设条件下，式（5.4）中的 $\alpha_K + \alpha_L \neq 1$。应用表 5.1 和表 5.2 的数据，并采用 OLS 方式，可以估计出式（5.4）中的各待估参数。全国和浙江省两种情况下的经验回归结果如下：

表 5.1　全国全要素生产率估计的原始数据（1995~2010 年）

年份	真实 GDP（亿元，1995年不变价格）	资本存量（亿元，1995年不变价格）	就业人口总量（万人）	真实 GDP 年度增量（亿元，1995年不变价格）	资本存量年度增量（亿元，1995年不变价格）	就业人口年度增量（万人）
1995	60794.00	193652.0	68065	——	——	——
1996	65722.07	197096.6	68950	4928.0683	3444.600	885
1997	70955.08	202701.7	69820	5233.0080	5605.063	870
1998	76451.09	211711.6	70637	5496.0106	9009.965	817
1999	82348.03	221358.6	71394	5896.9388	9646.939	757
2000	90773.10	232662.7	72085	8425.0758	11304.150	691
2001	99595.82	247397.5	72797	8822.7204	14734.750	712
2002	110195.10	267051.8	73280	10599.2330	19654.350	483
2003	122916.70	295789.0	73736	12721.6870	28737.210	456
2004	139266.60	334146.3	74264	16349.8080	38357.270	528
2005	157286.60	389465.2	74647	18020.0190	55318.890	383
2006	177650.40	460448.3	74978	20363.8090	70983.120	331
2007	200586.80	548422.8	75321	22936.4380	87974.510	343
2008	228299.20	654451.2	75564	27712.3480	106028.400	243
2009	260702.00	821734.9	75828	32402.8130	167283.700	264
2010	297028.70	1011268.0	76105	36326.7210	189533.400	277

注：数据估算过程与更详细的相关数据资料参看附录 E 中的表 E.1。

表 5.2　浙江省全要素生产率估计的原始数据（1995~2010 年）

年份	真实 GDP（亿元，1995年不变价格）	资本存量（亿元，1995年不变价格）	就业人口总量（万人）	真实 GDP 年度增量（亿元，1995年不变价格）	资本存量年度增量（亿元，1995年不变价格）	就业人口年度增量（万人）
1995	3558.000	5159.0000	2621.00	——	——	——
1996	3882.000	6260.9719	2625.00	324.00	1101.972	4.00
1997	4225.000	7341.4662	2620.00	343.00	1080.494	−5.00
1998	4569.000	8514.7343	2613.00	344.00	1173.268	−7.00
1999	4981.000	9649.7007	2625.00	412.00	1134.966	12.00
2000	5563.000	11062.8550	2726.00	582.00	1413.154	101.00
2001	6265.000	12854.8800	2797.00	702.00	1792.026	71.00
2002	7336.000	15301.4670	2859.00	1071.00	2446.587	62.00
2003	8728.000	18772.1900	2919.00	1392.00	3470.723	60.00
2004	10077.000	22628.3230	2992.00	1349.00	3856.133	73.00

续表

年度	真实GDP（亿元，1995年不变价格）	资本存量（亿元，1995年不变价格）	就业人口总量（万人）	真实GDP年度增量（亿元，1995年不变价格）	资本存量年度增量（亿元，1995年不变价格）	就业人口年度增量（万人）
2005	11476.00	26690.641	3101.00	1399.000	4062.318	109.00
2006	13308.00	31095.312	3172.00	1832.000	4404.671	71.00
2007	15231.00	35515.615	3405.00	1923.000	4420.303	233.00
2008	16605.00	39606.518	3486.53	1374.000	4090.903	81.53
2009	18031.647	35815.434	3591.98	1426.647	−3791.080	105.45
2010	20954.127	32386.744	3636.02	2922.480	−3428.690	44.04

注：数据估算过程与更详细的相关数据资料参看附录 E 中的表 E.2。

全国：$\ln GDP_t = 73.017 + 0.051 \ln K_t − 5.640 \ln L_t + 0.143t$

  (4.840) (0.699) (−4.412) (8.809)

  Adjusted $R^2 = 1.000$

浙江省：$\ln GDP_t = −11.659 + 0.650 \ln K_t + 1.818 \ln L_t − 0.060t$

  (−3.893) (3.583) (6.361) (−0.193)

  Adjusted $R^2 = 0.999$

式中，括号内的值为相应变量的 t 值。

根据该估计结果，全国资本和劳动投入的产出弹性分别为 0.552 和 4.308，浙江省资本和劳动投入的产出弹性分别为 0.951 和 1.438。全国与浙江省的要素投入产出弹性之和分别为 4.860 和 2.389。它意味着，全国与浙江省的规模报酬递增的速率均超过 2。这种规模报酬递增的速率显然过高而有违经济增长的经验事实。

2. 规模报酬不变假设条件下的全要素生产率估计

在规模报酬不变的假设条件下，式（5.4）中的 $\alpha_K + \alpha_L = 1$。由此，式（5.4）可改写为：

$$\ln\left(\frac{Y_t}{L_t}\right) = \ln A_0 + \alpha_T \cdot t + \alpha \cdot \ln\left(\frac{K_t}{L_t}\right) + \varepsilon_t \tag{5.6}$$

应用表 5.1 和表 5.2 中的相关数据，并采用 OLS 方式，可以估计出式（5.6）中的各待估参数。全国和浙江省的经验回归结果如下：

全国：$\ln (GDP/L_t) = −0.542 + 0.402 \ln (K_t/L_t) + 0.064t$

  (−35.444) (22.384) (32.297) (5.7)

Adjusted R^2 = 1.000

浙江省: ln （GDP$_t$/L$_t$）= 0.012 + 0.338 ln （K$_t$/L$_t$）+ 0.056t

$\qquad$ (0.102) $\qquad$ (2.246) $\qquad$ (2.854) $\qquad\qquad$ (5.8)

Adjusted R^2 = 0.992

从式（5.7）和式（5.8）中可以发现，两式的参数估计结果都具有很高的拟合优度。

应用参数估计结果，并利用表 5.1 和表 5.2 的数据，可以分别计算出全国和浙江省的全要素生产率，如图 5.1 所示。

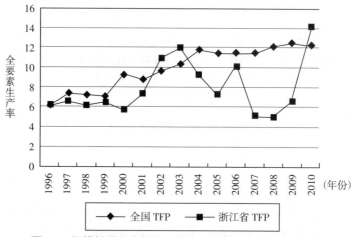

图 5.1 规模报酬不变假设下的全国与浙江省全要素生产率

3. 要素投入与全要素的贡献分析

本书采用规模报酬不变假设条件下的全国和浙江省全要素生产率估计结果。根据这一结果，可以分别计算出全国与浙江省资本投入、劳动投入和全要素的贡献，见表 5.3。

表 5.3 的结果显示，1995~2010 年，全国的资本与劳动投入对经济增长的年均贡献率分别为 33.8%和 5.0%，而全要素的年均贡献率达到了 61.2%；浙江省的资本与劳动投入对经济增长的年均贡献率分别为 44.3%和 12.3%，全要素的年均贡献率为 43.4%。在新古典经济理论框架下，全要素生产率被认为是广义技术进步的作用。从全要素生产率估计结果来看，1995~2010 年，全国广义技术进步对经济增长的贡献相对较大，而浙江省广义技术进步对经济增长的贡献较低。这意味着，全国的经济增长呈现出一定的技术集约增长

表 5.3　全国和浙江省的要素投入与全要素对 GDP 增长的贡献

年度	全国（α = 0.402，β = 0.598）			浙江省（α = 0.338，β = 0.662）		
	资本投入贡献率（%）	劳动投入贡献率（%）	全要素贡献率（%）	资本投入贡献率（%）	劳动投入贡献率（%）	全要素贡献率（%）
1995~1996	9.4	10.2	80.4	71.3	1.2	27.5
1996~1997	12.6	10.1	77.3	61.3	−1.6	40.3
1997~1998	20.2	9.6	70.2	61.9	−2.4	40.5
1998~1999	21.4	8.9	69.7	48.1	3.7	48.3
1999~2000	19.2	6.2	74.6	41.3	23.4	35.3
2000~2001	24.5	6.6	68.8	42.1	15.0	43.0
2001~2002	28.4	4.1	67.5	37.0	9.8	53.1
2002~2003	35.6	3.6	60.8	39.2	8.5	52.3
2003~2004	36.4	3.6	60.0	43.0	12.1	44.9
2004~2005	43.7	2.7	53.7	42.2	19.1	38.7
2005~2006	48.0	2.3	49.7	34.8	10.8	54.5
2006~2007	50.6	2.4	47.1	33.3	35.9	30.8
2007~2008	46.9	1.6	51.5	42.2	18.7	39.1
2008~2009	54.5	1.7	43.9	42.5	24.6	32.9
2009~2010	54.9	1.8	43.3	24.2	5.7	70.1
1995~2010 均值	33.8	5.0	61.2	44.3	12.3	43.4

特征，而浙江省经济增长则呈现出较明显的资本投入驱动特征。

此外，从图 5.2 中可以发现，浙江省的全要素生产率的波动性相对较高，并远高于全国全要素生产率的波动幅度，但浙江省的全要素生产率具有总体上升的趋势。当然，由于在本书中的投入仅用年末的就业人口总量来测度，而浙江省的外来务工人员也占有一定的比重，因此，如果考虑到浙江省实际的劳动投入更多的事实，浙江省实际的全要素生产率水平可能更低，资本要素投入的贡献也可能会有所下降。

总体上看，在过去十几年内，浙江省广义技术进步水平相对较低。并且，浙江省的经济增长更多地体现为资本驱动型，特别是与全国平均水平相比，浙江省经济增长方式的资本驱动特征更加突出。在最近几年，浙江省依赖资本驱动的经济增长方式有所转变，而全国经济增长方式却具有日趋明显的资本驱动特征。全国与浙江省的经济增长特征具有趋同倾向。

四、全国与浙江省产业结构变动
对经济增长的影响

关于测算具有不同要素生产率的部门之间的资源再配置对生产率和经济增长的作用，到目前为止比较简单实用的方法是赛尔奎因的资源再配置效应（TRE）模型（参看本书第二章）。从理论上说，当劳动和资本等资源向生产率或生产率增长率较高的产业流动，或者资源的流动减少了整个经济的非均衡程度从而使得结构趋于协调时，这种资源再配置就会产生较大的效应；而当资源流向生产率较低且增长较慢的产业，或者资源的流动破坏了产业间的约束，从而加深了整个经济的非均衡程度时，资源再配置效应就会减小甚至是负值（吕铁和周叔莲，1999）。资源的再配置效应（TRE）的计算方程为：

$$\text{TRE} = G_a - \sum_i P_i G_{ai} \tag{5.9}$$

式中，TRE 为资源的再配置效应；G_a 为总的全要素生产率增长率；G_{ai} 为 i 部门的全要素生产率增长率；P_i 为 i 部门的产出比重。

当式（5.9）中的部门划分完全限制于三次产业分类时，资源的再配置效应通常被理解为产业结构变动对经济增长的影响。

（一）全国三次产业间资源再配置效应的估计

为应用式（5.9）来计算全国的资源再配置效应，需要测算出各次产业的全要素生产率。表 5.4 至表 5.6 分别列出了三次产业全要素生产率估计的原始数据。

表 5.4　全国第一次产业全要素生产率估计的原始数据

年份	第一次产业的真实 GDP（亿元，1995年不变价格）	第一次产业的资本存量（亿元，1995年不变价格）	第一次产业的就业人口总量（万人）	第一次产业的真实 GDP 年度增量（亿元，1995年不变价格）	第一次产业的资本存量年度增量（亿元，1995年不变价格）	第一次产业的就业人口年度增量（万人）
1995	12136	11546	35530	—	—	—
1996	12941	10989	34820	805	−557	−710
1997	12976	10546	34840	35	−443	20

续表

年份	第一次产业的真实 GDP（亿元，1995年不变价格）	第一次产业的资本存量（亿元，1995年不变价格）	第一次产业的就业人口总量（万人）	第一次产业的真实 GDP年度增量（亿元，1995年不变价格）	第一次产业的资本存量年度增量（亿元，1995年不变价格）	第一次产业的就业人口年度增量（万人）
1998	13422	10187	35177	446	−359	337
1999	13563	9919	35768	141	−268	591
2000	13673	9772	36043	110	−147	275
2001	14333	9845	36399	660	73	356
2002	15144	10121	36640	810	276	242
2003	15730	10661	36204	587	540	−436
2004	18652	11276	34830	2922	615	−1375
2005	19735	12176	33442	1082	900	−1388
2006	20253	13318	31941	518	1142	−1501
2007	23012	14794	30731	2759	1476	−1210
2008	25590	17137	29923	2578	2343	−808
2009	26939	—	28890	1349	—	−1033
2010	30009	—	27931	3070	—	−960

注：数据的估算过程与更详细的相关数据资料参看附录 E 中的表 E.3。

表 5.5 全国第二次产业全要素生产率估计的原始数据

年份	第二次产业的真实 GDP（亿元，1995年不变价格）	第二次产业的资本存量（亿元，1995年不变价格）	第二次产业的就业人口总量（万人）	第二次产业的真实 GDP年度增量（亿元，1995年不变价格）	第二次产业的资本存量年度增量（亿元，1995年不变价格）	第二次产业的就业人口年度增量（万人）
1995	28679	105607	15655	—	—	—
1996	31242	104151	16203	2563	−1456	548
1997	33731	103319	16547	2489	−832	344
1998	35330	102661	16600	1598	−658	53
1999	37680	102599	16421	2351	−63	−179
2000	41680	103653	16219	3999	1054	−202
2001	44970	106326	16234	3290	2673	15
2002	49356	111537	15682	4386	5211	−552
2003	56503	120374	15927	7147	8837	245
2004	64376	133726	16709	7873	13351	782

续表

年份	第二次产业的真实GDP（亿元，1995年不变价格）	第二次产业的资本存量（亿元，1995年不变价格）	第二次产业的就业人口总量（万人）	第二次产业的真实GDP年度增量（亿元，1995年不变价格）	第二次产业的资本存量年度增量（亿元，1995年不变价格）	第二次产业的就业人口年度增量（万人）
2005	74934	154025	17766	10558	20299	1057
2006	87380	179993	18894	12445	25968	1128
2007	101151	212185	20186	13771	32192	1292
2008	113139	248986	20553	11988	36802	367
2009	120553	—	21080	7414	—	527
2010	138875	—	21842	18323	—	762

注：数据的估算过程与更详细的相关数据资料参看附录 E 中的表 E.3。

表 5.6　全国第三次产业全要素生产率估计的原始数据

年份	第三次产业的真实GDP（亿元，1995年不变价格）	第三次产业的资本存量（亿元，1995年不变价格）	第三次产业的就业人口总量（万人）	第三次产业的真实GDP年度增量（亿元，1995年不变价格）	第三次产业的资本存量年度增量（亿元，1995年不变价格）	第三次产业的就业人口年度增量（万人）
1995	19978	76498	16880	—	—	—
1996	21538	81957	17927	1560	5459	1047
1997	24248	87894	18432	2710	5937	505
1998	27699	96462	18860	3451	8568	428
1999	31105	105092	19205	3405	8630	345
2000	35420	114258	19823	4315	9166	618
2001	40292	124533	20165	4873	10275	341
2002	45695	144863	20958	5403	20331	793
2003	50683	160756	21605	4988	15893	647
2004	56238	179868	22725	5555	19112	1120
2005	64088	203226	23439	7851	23358	714
2006	74604	233120	24143	10516	29894	704
2007	89511	269623	24404	14907	36503	261
2008	99727	311186	25087	10215	41563	683
2009	113211	—	25857	13484	—	770
2010	128144	—	26332	14934	—	475

注：数据的估算过程与更详细的相关数据资料参看附录 E 中的表 E.3。

采用上一小节所估计出的全国投入产出弹性，即资本的投入产出弹性为0.423，劳动的投入产出弹性为0.573。应用表5.4至表5.6中的数据，并根据式（5.2）和式（5.9），可以分别计算出全国三次产业全要素生产率增长率，以及三次产业间的资源再配置效应（TRE）。

计算结果见表5.7。

表5.7　全国三次产业全要素生产率与 TRE 估计结果

年份	总 TFP 增长率估计结果	第一次产业 TFP 增长率估计结果	第二次产业 TFP 增长率估计结果	第三次产业 TFP 增长率估计结果	三次产业产值结构	资源再配置效应（TRE）估计结果
1996	6.03	9.54	6.84	1.06	19.7：47.5：32.8	0.55
1997	5.70	2.01	6.52	6.74	18.3：47.5：34.2	−0.07
1998	5.05	4.26	4.61	7.39	17.6：46.2：36.2	−0.51
1999	4.99	1.23	6.89	6.44	16.5：45.8：37.7	−0.79
2000	6.93	1.00	9.88	6.99	15.1：45.9：39.0	−0.49
2001	6.10	3.73	6.20	7.63	14.4：45.1：40.5	−0.32
2002	6.49	3.82	8.94	3.70	13.7：44.8：41.5	0.42
2003	6.30	2.28	8.66	3.93	12.8：46.0：41.2	0.40
2004	7.04	15.64	5.30	2.54	13.4：46.2：40.4	1.47
2005	6.15	4.75	5.08	5.63	12.2：47.7：40.1	0.88
2006	5.70	1.64	4.69	6.99	11.1：48.0：40.9	0.40
2007	5.38	10.04	3.50	10.31	10.8：47.3：41.9	−1.68
2008	6.25	5.85	3.31	3.02	10.7：47.5：41.8	2.78
2009	5.45	—	—	—	10.3：46.3：43.4	—
2010	5.30	—	—	—	10.1：46.8：43.1	—
年均	5.92	5.06	6.19	5.57	—	0.24

注：①全国总 TFP 增长率估计结果为上一小节的计算结果。②最后一行为 1996~2010 年的年均估计结果。

（二）浙江省三次产业间资源再配置效应的估计

与计算全国的资源再配置效应过程一样，本书应用式（5.11）来计算浙江省 TRE。为此，需要测算出浙江省各次产业的全要素生产率。表5.8至表5.10分别列出了浙江省三次产业全要素生产率估计的原始数据。

表 5.8　浙江省第一次产业全要素生产率估计的原始数据

年份	第一次产业的真实 GDP（亿元，1995年不变价格）	第一次产业的资本存量（亿元，1995年不变价格）	第一次产业的就业人口总量（万人）	第一次产业的真实 GDP 年度增量（亿元，1995年不变价格）	第一次产业的资本存量年度增量（亿元，1995年不变价格）	第一次产业的就业人口年度增量（万人）
1995	550	296	1152	—	—	—
1996	551	312	1129	1	16	−23
1997	558	330	1113	7	18	−16
1998	551	350	1109	−8	20	−4
1999	554	370	1078	4	20	−31
2000	572	393	970	17	23	−108
2001	599	418	935	28	25	−35
2002	628	443	885	28	25	−50
2003	646	417	826	18	−26	−59
2004	704	395	780	58	−22	−46
2005	763	378	760	58	−17	−20
2006	782	363	718	19	−15	−42
2007	800	360	683	18	−3	−34
2008	847	354	670	47	−6	−13
2009	912	364	658	65	10	−12
2010	1028	373	582	116	9	−76

注：数据的估算过程与更详细的相关数据资料参看附录 E 中的表 E.4。

表 5.9　浙江省第二次产业全要素生产率估计的原始数据

年份	第二次产业的真实 GDP（亿元，1995年不变价格）	第二次产业的资本存量（亿元，1995年不变价格）	第二次产业的就业人口总量（万人）	第二次产业的真实 GDP 年度增量（亿元，1995年不变价格）	第二次产业的资本存量年度增量（亿元，1995年不变价格）	第二次产业的就业人口年度增量（万人）
1995	1855	2627	883	—	—	—
1996	2069	2921	886	214	294	3
1997	2304	3394	881	235	473	−5
1998	2502	4045	854	198	651	−27
1999	2722	4875	784	220	830	−70
2000	2966	5883	966	244	1008	182
2001	3245	7070	1010	280	1187	43
2002	3749	8434	1070	504	1364	61

续表

年份	第二次产业的真实GDP（亿元，1995年不变价格）	第二次产业的资本存量（亿元，1995年不变价格）	第二次产业的就业人口总量（万人）	第二次产业的真实GDP年度增量（亿元，1995年不变价格）	第二次产业的资本存量年度增量（亿元，1995年不变价格）	第二次产业的就业人口年度增量（万人）
2003	4583	9767	1201	834	1333	131
2004	5407	11384	1305	824	1617	104
2005	6120	13189	1398	713	1805	93
2006	7194	15155	1452	1074	1966	55
2007	8230	17179	1593	1037	2024	141
2008	8939	18699	1660	709	1520	67
2009	9340	20167	1726	401	1468	66
2010	10807	21652	1810	1467	1485	84

注：数据的估算过程与更详细的相关数据资料参看附录E中的表E.4。

表5.10　浙江省第三次产业全要素生产率估计的原始数据

年份	第三次产业的真实GDP（亿元，1995年不变价格）	第三次产业的资本存量（亿元，1995年不变价格）	第三次产业的就业人口总量（万人）	第三次产业的真实GDP年度增量（亿元，1995年不变价格）	第三次产业的资本存量年度增量（亿元，1995年不变价格）	第三次产业的就业人口年度增量（万人）
1995	1153	2235	587	—	—	—
1996	1261	3028	610	108	793	23
1997	1364	3617	625	103	589	15
1998	1515	4120	650	151	503	25
1999	1704	4405	763	189	285	113
2000	2025	4787	790	321	382	27
2001	2421	5367	852	396	580	62
2002	2959	6424	903	537	1057	51
2003	3499	8588	891	540	2164	−12
2004	3965	10849	907	466	2261	16
2005	4594	13123	944	628	2274	36
2006	5310	15576	1002	717	2453	59
2007	6175	17977	1129	865	2401	127
2008	6800	19932	1156	625	1955	27
2009	7779	22253	1208	979	2321	52
2010	9119	25066	1244	1339	2812	36

注：①数据保留到整数。②数据的估算过程与更详细的相关数据资料参看附录E中的表E.4。

在计算浙江省各次产业全要素生产率时，我们仍然采用上一小节所估计出的浙江省投入产出弹性值，即假定资本的投入产出弹性为 0.347，劳动的投入产出弹性为 0.653。并且，假定所有各次产业都具有相同的投入产出弹性。

应用表 5.8 至表 5.10 中的数据，并根据式 (5.2) 和式 (5.11)，可以分别计算出浙江省三次产业全要素生产率增长率与资源再配置效应 (TRE)。计算结果见表 5.11。

表 5.11 浙江省三次产业全要素生产率与 TRE 估计结果

年份	总 TFP 增长率估计结果	第一次产业 TFP 增长率估计结果	第二次产业 TFP 增长率估计结果	第三次产业 TFP 增长率估计结果	三次产业产值结构	资源再配置效应 (TRE) 估计结果
1996	2.30	−0.14	6.68	−2.78	14.2：53.3：32.5	−0.34
1997	3.27	0.32	5.85	0.42	13.2：54.5：32.3	−0.10
1998	3.05	−3.03	4.59	3.33	12.1：54.8：33.2	−0.20
1999	3.99	0.74	8.23	−0.91	11.1：54.6：34.2	−0.27
2000	3.69	8.40	−10.04	10.88	10.3：53.3：36.4	4.22
2001	4.81	5.09	0.11	7.88	9.6：51.8：38.6	1.23
2002	7.76	6.35	4.22	8.84	8.6：51.1：40.3	1.49
2003	8.34	9.62	6.35	7.80	7.4：52.5：40.1	1.16
2004	6.01	14.12	5.18	3.55	7.0：53.6：39.4	0.85
2005	4.72	10.94	2.63	5.28	6.6：53.4：40.0	0.47
2006	7.50	7.71	8.06	4.29	5.9：54.0：40.1	0.97
2007	3.89	5.84	2.77	2.07	5.3：54.0：40.7	1.24
2008	3.24	7.41	2.50	4.31	5.1：53.9：41.0	−0.26
2009	2.61	7.50	−0.70	6.23	5.1：51.8：43.1	−0.10
2010	9.78	19.10	8.18	8.99	4.9：51.6：43.5	0.71
年均	5.00	6.67	3.64	4.68	—	0.74

注：①浙江省总 TFP 增长率估计结果为上一小节的计算结果。②最后一行为 1996~2010 年的年均估计结果。

根据表 5.7 和表 5.11 的结果，可以绘出全国与浙江省在 1996~2010 年的资源再配置效应的比较示意图，如图 5.2 所示。

图 5.2 显示，全国与浙江省在 1996~2010 年的资源再配置效应都有较大的波动。其中，浙江省的资源再配置效应波动尤其明显。在 1998~2000 年的两年间，浙江省第二次产业的年末就业人口发生了很大变化。1998 年、1999 年和 2000 年末，浙江省第二次产业的年末就业人口分别为 854 万人、784 万

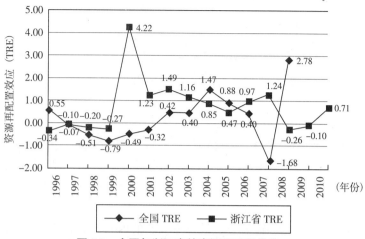

图 5.2　全国与浙江省的资源再配置效应

人和 966 万人。正是劳动投入的变化，导致了浙江省在 2000 年的第二次产业 TFP 增长率下降至 –10.04% 的异常水平，并最终导致 2000 年度的资源再配置效应达到了 4.22% 的高位。很显然，在本书中，关于浙江省该年度第二次产业的劳动投入数据用年末就业人口来替代存在一定的偏误。

（三）全国与浙江省产业结构变动对经济增长的影响

在本书的资源再配置效应的估计过程中，由于部门的分解按三次产业分类来进行，因此，资源再配置效应事实上基本反映了产业结构变动对经济增长的影响。总体上看，全国与浙江省产业结构的变化对经济增长的影响比较有限。

从全国平均水平看，1996~2010 年，资源再配置效应在 –1.7%~2.8% 区间内波动。对于浙江省的情况，1996~2007 年，产业结构变动对经济增长具有一定的积极影响。其中，在 1999 年以前，资源再配置效应为负；2000 年以来，浙江省三次产业结构变动对经济增长的积极影响保持在较高的水平上。

五、浙江经济增长中技术进步与产业结构变动影响的国际比较

本书第二章已经分析了工业化各发展阶段的 TFP 增长率（G_a）和资源再配置效应（TRE）的国际比较结果（参见图 2.8、图 2.9 和表 2.5）。应用赛尔奎因（1989）所分析的这一结果，可以将其与本章前面内容中分析获得的全国和浙江省 TFP 增长率（G_a）和资源再配置效应（TRE）结果进行对比。

为便于参考，表 5.12 再次列出了表 2.5 的内容，并在表中增加了浙江省和全国在 1996~2010 年的相应研究结果。

表 5.12　全国与浙江省的资源再配置效应及其与多国模型的比较

增长时期	年平均增长率（%）			再配置效应的贡献（%）	
	G_a	$\sum P_i G_{ai}$	TRE	TRE/G_a	TRE/G_v
浙江省：1996~2010 年	5.00	4.26	0.74	14.78	6.50
其中，1996~2000 年	3.26	2.60	0.66	20.30	7.75
2001~2005 年	6.33	5.29	1.04	16.46	7.73
2006~2010 年	5.40	4.89	0.51	9.48	5.33
全国：1996~2010 年	5.90	5.70	0.20	3.39	2.08
多国模型：（人均收入，美元）					
[1970 年] [工业化发展阶段]					
100~140 [前工业化阶段 I]	0.44	0.40	0.04	9	1
140~280 [前工业化阶段 II]	0.72	0.57	0.15	20	3
280~560 [工业化初期]	1.40	1.11	0.29	21	5
560~1120 [工业化中（前）期]	2.28	1.72	0.56	25	9
1120~2100 [工业化中（后）期]	2.92	2.17	0.75	26	11
2100~3360 [工业化后期]	3.11	2.71	0.40	13	6
3360~5040 [后工业化阶段 I]	2.80	2.72	0.08	3	2

注：①相应的注释参见表 2.5。②G_v 为 GDP 的增长率。

根据本书第四章的内容可知，1996~2000 年，浙江省处于工业化初期阶段；2001~2005 年，浙江处于工业化中（前）期；在 2006 年以后，浙江处于工业化中（后）期。对比表 5.12 中所显示的多国模型相关结果可以发现，1996~2010 年，广义技术进步对浙江经济增长的影响（TFP 增长）具有一定的积极影响，而三次产业结构变动对经济增长的影响（TRE）则相对微弱。

　　在得出这一结论时，特别需要指出一个事实：由于新技术革命的兴起，当前的广义技术进步对经济增长的影响通常要比多国模型的结果更高，因为赛尔奎因构建 TRE 多国模型所采用的数据主要来自于从 19 世纪初至 70 年代间的 7 个样本国家（加拿大、法国、以色列、日本、挪威、英国和美国）。譬如，表 5.12 还显示，1996~2010 年，全国的 TFP 增长非常高，它也从另一个侧面反映出现时代广义技术进步对经济增长的影响变得更加重要。

　　更重要的是，浙江省资源再配置效应对 TFP 增长和经济增长的贡献，与其他国家相比还有较大的差距。1996~2000 年，浙江省 TRE 为 0.66%，它高于多国模型的工业化初期阶段中产业结构变动对经济增长的效应（0.29%）。从对 TFP 和经济增长的贡献率上看，与多国模型中处于该阶段的其他国家相当。2001~2005 年，浙江处于工业化中（前）期，对比多国模型可知，该时期产业结构变动对浙江经济增长的影响也基本达到了多国模型的标准水平。不过，在浙江开始步入工业化中（后）期的 2006~2007 年，产业结构变动对浙江经济增长的影响仍相对持平，而该时期本应是整个工业化进程中产业结构变动的积极影响达到最高水平的时期。

　　总的来看，浙江三次产业结构变动对经济增长具有一定的积极影响，但与多国模型中的样本国家相比，这一积极影响仍相对偏弱。

第六章　浙江省现阶段的产业选择、产业融合与区域环境分析

一、浙江省现阶段工业化进程中的主导产业选择

（一）浙江省现阶段主导产业选择的背景

在区域工业化进程中，带动区域经济增长的主导产业是不断变化的。当前，浙江省区域经济的增长，受到消费需求不足、就业压力增大、宏观经济形式趋紧、国际竞争加剧等一系列矛盾的困扰，这就要求通过选择一些主导产业的发展，来化解新的制约因素，带动经济持续、快速和稳定增长。主导产业的选择，应当通过其发展能够有效化解当前的主要矛盾，从而能够有力地带动区域经济增长，以及有利于扩大就业，有利于工业结构升级和提高收入。从工业发展的角度看，主导产业选择有如下几个主要理由：

（1）工业化的推进要寻找新的增长空间（郭克莎，2003）。浙江省当前刚刚步入工业化中（后）期阶段，但从国际经验比较来看，工业生产比重明显高于处于相同工业化发展阶段的其他国家或地区。由于产业结构和需求结构的影响，目前浙江省比重偏高的工业部门的进一步发展受到了消费需求不足的明显制约。从整个工业增长的趋势看，如果没有产业结构的调整优化或其他有利因素的明显作用，目前难以从多边开放中得到更多的国内外市场。在第三产业的加快发展近期内仍受多种因素制约的条件下，区域经济的较高速持续稳定增长还要靠工业快速增长来拉动，这种趋势近几年不仅没有减弱而且还在加强。因此，必须通过主导产业的发展，来拓宽工业增长的需求空间和产业空间，带动经济增长和工业化进程。

（2）工业部门要为区域经济提供更多的就业机会。2010 年，浙江省工业增加值占 GDP 的比重为 49.2%，工业就业人数占全社会就业的比重为 49.8%。相对于全国平均水平，浙江省工业部门的就业人口比重略高一些。服务业是吸收就业能力最强的产业，但目前浙江省服务业部门的扩张受多种因素制约，在很大程度上仍然还要依赖于工业发展的带动。在这种条件下，工业增长也需要提高就业功能。对于我国特有的国情，正如樊纲所指出的，在工业化进程中，"工业化的真正的最后的以人为本的衡量标志，是就业有多少，是工业或者非农产业"（樊纲，2008）。针对我国国情和浙江省情，在新的工业化时期中更应当处理好工业部门扩大就业与提高生产率的关系。

（3）工业结构升级需要主导产业的带动（郭克莎，2003）。工业结构的调整升级是浙江省当前工业发展的主线，同时也是工业化新时期必须不断推进的中心任务之一。目前，尽管浙江省在工业结构升级上取得了很大成绩，但要持续进行工业结构升级任务，还需要选择新的主导产业并促进其发展。加入世界贸易组织后的多边贸易开放，客观上有利于浙江省具有比较优势的劳动密集型产业的发展而不利于具有比较劣势的技术密集型产业的发展，因而对我国工业产业结构升级的进程产生负面影响。如果工业结构升级的进程受挫，劳动密集型产业由于出口的拉动而过度扩张，浙江省在国际产业分工中将进一步陷入不利地位。开放条件下的工业结构升级，既是比较优势转换和竞争优势增强的结果，又是提高工业增长质量和效益的基础。为了减弱加入世界贸易组织后贸易结构变化产生的不利影响，促进工业结构升级的进程，应当选择新的主导产业，加强它们对结构升级的带动效应。

（4）工业发展需要进一步提高工业经济效益。随着工业化的推进，主导产业之所以会发生转换和更替，主要是由资源条件、需求结构和发展环境的变化决定的。在浙江省工业化的新时期，工业发展不仅要适应需求结构升级的趋势，而且越来越受到资源和环境问题的约束，因此势必要进一步走可持续发展的道路。工业经济效益的提高，依赖于工业的技术进步和产业升级，依赖于资源配置的优化和环境保护的加强。而在这个过程中，新的主导产业的形成、发展及其带动效应的增强，具有重大的作用。

（二）浙江省现阶段主导产业选择的依据

工业化新时期主导产业的形成和发展，必须有利于化解或缓解经济运行和发展中的基本矛盾，并促进经济发展水平的提高和整体国际竞争力的增强。因此，可以从产业的增长潜力、就业功能、产业关联效应、全要素生产率（TFP）增长与可持续发展能力等方面来分析浙江省现阶段主导产业的选择问题。

1. 增长潜力

产业的增长潜力，从根本上说取决于产业的需求收入弹性。需求收入弹性高的产业，随着人均收入水平的提高，需求扩张幅度较大，产业的增长具有广阔的市场前景，或者说迅速扩张的市场需求会拉动该产业较快增长（郭克莎，2003）。根据联合国的一份研究报告，发展中国家中需求收入弹性高的制造业产业主要有钢铁、有色金属、造纸、机械、纺织和皮革制品（杨治，1985）。根据钱纳里和赛尔奎因的实证分析模型计算，在人均收入处于390~1230美元（1982年）期间，制造业部门中需求收入弹性高的产业主要是交通运输设备、家具、电器等。此外，根据郭克莎（2003）的研究，我国工业化新时期具有较强增长潜力的产业，将主要是国内市场需求增长较快的技术密集型产业（包括装备制造业产业），以及加入世界贸易组织后将在一段时期内获得出口扩张条件的纺织和服装制造业。

2. 就业功能

浙江省在现阶段工业化进程中对主导产业的选择，一个重要的新特点就是要考虑产业的就业功能。从产业的要素密集度看，劳动密集型产业的就业功能强，资本密集型产业的就业功能弱，技术密集型产业分为两种情况：劳动—技术密集型产业的就业功能相对较强，资本—技术密集型产业的就业功能相对较弱。

产业的就业规模由产业的就业密度和发展规模两个因素共同决定。根据就业密度和发展规模两方面的分析结果，制造业部门中就业功能强的产业主要有：皮革制品、服装、文教体育用品、家具、纺织、专业设备、普通机械、金属制品、仪器仪表及文化办公用机械、木材加工、非金属矿物制品和电气机械及器材等（郭克莎，2003）。

3. 产业关联效应

一个产业要成为新兴主导产业，不仅自身要有较强的增长趋势或增长潜力，而且必须对其他产业具有较高的产业关联效应。产业关联效应在各个产业发展过程的相互影响中表现为影响力和感应度。产业影响力是指一个产业影响其他产业的程度；产业感应度是指一个产业受其他产业影响的程度。根据郭克莎（2003）的研究，并考虑到赫希曼（1958）对机械、运输设备等制造业产业的前向关联系数的进一步分析结果，工业化新时期具有较强产业关联效应的制造业产业，主要是电子及通信设备、交通运输设备、电气机械及器材、普通机械和专用设备、黑色金属冶炼及压延加工业、化学原料及制品和纺织业 7 个产业。

4. TFP 增长

全要素生产率（TFP）反映了广义技术进步对区域经济增长的积极影响。在主导产业选择过程中，应当充分考虑具有较高的全要素生产率（TFP）增长率的产业，才能有较高的增长效率和发展后劲，并带动整个工业和区域经济增长质量的提高。

根据西水和鲁宾逊的研究，制造业部门中 TFP 增长最快的产业，在日本、韩国、土耳其和南斯拉夫四个国家的相近时期形成了一定的梯度型差别，日本主要是机械设备和化工，韩国主要是机械、金属制品和橡胶，土耳其主要是橡胶、家具和机械设备，南斯拉夫主要是橡胶和资源性产业。但共同的趋势也是明显的，如机械设备（包括电力机械、机械和运输设备）、橡胶制品、化学制品、食品加工、服装、金属制品等产业在这几个国家都属于 TFP 增长最快的产业（钱纳里等，1989）。

此外，根据乔根森的研究（2001），从美、日、德三个制造业发展水平最高的国家看，1960~1979 年，三个国家中 TFP 增长普遍较快的产业主要包括：电气机械、化学制品、精密仪器、纺织服装、橡胶和塑料、交通设备等。

从我国制造业的情况看，李京文（1993）的研究表明，1981~1987 年和1987~1995 年两个时期，制造业中 TFP 增长最快的产业发生了一些变化，TFP增长最快的产业进一步集中在几个机电产业，以及化工、纺织服装、皮革和食品产业。郭克莎（2003）进一步考察了制造业内部各产业的 TFP 增长，并认为，制造业中 TFP 增长快的产业主要是机电产业、化学制品、纺织服装、橡胶制品、食品加工等产业。

5. 工业经济效益

从产业的长期稳定发展看，工业经济效益也应成为工业化新时期选择主导产业的一个依据。制造业产业的工业经济效益主要体现在总资产贡献率和工业化成本费用利润率两项指标上。通过对总资产贡献率和工业成本费用利润率两项指标的考察，郭克莎（2003）的研究发现，经济效益水平较高的产业主要是医药、饮料、印刷、电子及通信设备、仪器仪表、电气机械及器材、交通运输设备、服装、塑料制品、食品制造、家具、文教体育用品和金属制品等产业。在这些产业中，通常不仅经济效益较高，而且一般没有负外部性突出的高污染产业。

此外，从浙江省工业企业的经济效益看，2001~2010 年，工业经济效益较高的制造业产业除烟草业外主要有：石油产品、有色金属、饮料、废弃资源与废旧材料回收加工、化学制品、通用设备、医药、专用设备、纺织服装、仪器仪表、电气机械、金属制品、交通运输设备等。

（三）浙江省现阶段主导产业选择的基本结论

根据不同的选择依据所确定的主导产业明显有一些差别。按不同的选择依据，可以将浙江省现阶段制造业内部所确定的主导产业选择结果进行归纳，见表 6.1。

表 6.1　浙江省现阶段制造业中按不同选择依据所确定的主导产业

增长潜力	就业功能	产业关联效应	TFP 增长	工业经济效益
电子通信	皮革	电子通信	电子通信	石油产品
医药	纺织服装	交通运输设备	电气机械	有色金属
电气机械	文教用品	电气机械	交通运输设备	饮料
交通运输设备	家具	黑色金属	化学制品	废弃资源综合利用
石油产品	专用机械	化学制品	普通机械	化学制品
塑料制品	普通机械	纺织服装	专用设备	通用设备
普通机械	金属制品	普通机械	纺织服装	医药
专用设备	仪器仪表	专用设备	橡胶制品	专用设备
仪器仪表	木材加工		食品加工	纺织服装
纺织服装	非金属矿物			仪器仪表
	电气机械			电气机械
				食品制造
				交通运输设备

资料来源：根据本章前面的内容整理，并参考了郭克莎（2003）等相关研究。

从表 6.1 可以发现，在浙江省现阶段制造业中按不同选择依据所确定的主导产业中，有不少产业在不同依据下的选择是重合的，这些产业主要包括：电子通信、电气机械及器材、交通运输设备、化学制品、石油产品、医药、纺织服装、皮革、普通机械、专用设备、仪器仪表等。

综合考虑工业结构升级、就业功能强化与区域经济持续健康快速发展等方面的要求，并充分考虑到浙江省现阶段所处的工业化发展阶段与制造业的产业基础，当前浙江省制造业应重点选择如下一些产业进行发展：电子通信、电气机械及器材、交通运输设备、化学制品、石油产品、黑色金属、医药、纺织服装等。

当制造业主导产业的选择确定之后，还要通过有效的产业政策来促进它们的形成或发展，并加强对其他产业和整个制造业发展的带动效应。因为仅靠市场机制的调节，主导产业的形成及带动效应将是一个渐进的过程，而合理的产业政策可以顺应产业发展的趋势，加强市场机制的作用，从而有效地加快这个进程。从产业政策的角度看，目前浙江省在造业主导产业的形成与发展方面的产业政策制定与实施上应注意如下一些方面：

（1）促进制造业主导产业的形成或发展，提高主导产业的国际竞争力。当前，浙江省产业政策的重点主要应放在以下几个方面：一是加快传统主导产业的技术改造和技术进步，缩小与国际先进水平的差距，如纺织服装产业；二是推进主导产业的结构调整和产业升级，大力发展其中增长潜力大和产业关联效应强的重要产业，如汽车、通信设备、石油化工等产业；三是发挥重点产业、大型企业对主导产业结构升级和产业组织优化的带动作用。

（2）加强主导产业对其他产业和整个制造业发展的带动效应。在产业关联效应的角度上，产业政策及相关政策具有两方面的作用：一方面，推进分工、专业化和协作的发展并提高其技术水平，加强产业之间的关联效应；另一方面，加强特色产业集群发展，建立跨区域与跨产业的合作平台，促进区域间与产业间的资源流动和有效配置。

（3）在加快主导产业发展中处理好几个重要关系：①劳动密集型产业与资本、技术密集型产业的关系。在上述制造业主导产业中，既包括了劳动—技术密集型产业，也包括一些资本—技术密集型产业和劳动密集型产业。通过主导产业的发展，既要体现浙江省产业特色，又应当实现产业结构的升级。创新并不仅仅是发展高新技术产业，而且是体现在所有产业的创新。②扩大出口与国内市场的关系。自从我国加入世界贸易组织后，国内外市场的扩大都面临着更加激烈的国际竞争，要不断扩大主导产业的市场占有总量，既要大力推动主导产业产品的出口增长，又要努力刺激国内市场的消费需求。③民营企业与其他所有制形式企业之间的关系。在上述所选择的制造业主导产业中技术密集型产业较多，而现阶段浙江省在发展这些产业中暂时还更多地依赖于外资企业与一些国有大型企业。但是，由于民营经济已成为浙江省区域经济中的重要组成部分。因此，如何引导民营企业向制造业主导企业发展，是浙江省现阶段所面临的重要课题。

二、浙江省工业化进程中的产业融合现象分析

（一）工业化进程中制造业与服务业之间的关系

1. 服务业的分类与生产性服务业的概念

严格地说，第三产业与服务业是两个相互之间有所区别的概念（陈宪，2005）。尽管如此，人们往往将第三产业和服务业等同起来。对于服务业的划分存在多种不同的分类方法，其中，较重要的一种分类是核心服务业和追加服务业之分。核心服务业与追加服务业的区别在于，是否向消费者（包括生活和生产消费者）提供直接的、独立的服务效用。核心服务是市场需求与市场供给的直接对象，其核心价值就是服务；而追加服务是市场需求与市场供给的间接对象，是作为商品效用的派生效用，是附加于商品核心价值上的价值。

核心服务业与追加服务业之分是服务营销学研究领域中应用较多的一种分类方法。在经济学研究领域，对服务业更典型的分类方式包括两种，其中一种将服务业分为三部分，而另一种则将服务业划分为四部分。

服务业三分法的代表是加拿大经济学家格鲁伯（Grubel）和沃克（Walker）在其著作《服务业的增长原因与影响》（1993）中的分类。他们从服务的对象出发，将服务业分为三部分：为企业服务的生产性服务业、为个人服务的消费者服务业和为社会服务的政府（社会）服务业。

服务业四分法的代表是美国经济学家 Browning 和 Singelmann 在其著作《服务社会的兴起：美国劳动力部门转换的人口与社会特征》（1975）中的分类。他们根据联合国标准产业分类（SIC）把服务业分为四类：生产性服务业（商务和专业服务业、金融服务业、保险业、房地产业等）、流通型服务业（或称分销或分配服务，包括零售业、批发、交通运输业、通信业等）、消费性服务业（或称个人服务，包括旅馆、餐饮业、旅游业、文化娱乐业等）和

社会服务业（政府部门，医疗、健康、教育、国防）。这种分类方法得到了联合国标准产业分类的支持。按照联合国标准产业分类，服务业的四大部门是消费性服务业、生产性服务业、分配服务业，以及由政府和非政府组织提供的公共服务。

无论是三分法还是四分法，它们的分类方法事实上非常类似。在四分法中，流通型服务业中的一部分是为企业服务的，而另一部分则是为个人服务的。如果将这两部分分别并入生产性服务业和消费性服务业，那么这两种分类方法在本质上是一致的。

多数研究认为，生产性服务业（Producer Services，或译为"生产者服务业"或"生产服务业"）是指那些主要为满足中间需求、向外部企业和其他组织的生产活动提供中间投入服务，用于进行商业运作和更进一步的生产而非主要用于满足最终直接消费和个人需要的行业（李江帆和毕斗斗，2006）。传统的生产性服务业包括金融业、保险业、房地产业和商务服务业，而现代新兴的生产性服务业（Advanced Producer Services，APS）则包括广告、市场调查、会计师事务所、律师事务所和管理咨询等服务业。一般认为，生产性服务业通常提供的服务属于技术密集型和知识密集型服务。

2. 制造业与服务业之间的关系

根据 Bowen 等（1989）、Park（1994）、顾乃华等（2006）、邱灵等（2007）对制造业与生产性服务之间的关系研究的综述，制造业与生产性服务业之间的关系可以归纳为四种，即需求遵从论、供给主导论、互动论与融合论。

"需求遵从论"认为，制造业是服务业（包括生产性服务业）发展的前提和基础，服务业发展处于一种需求遵从地位，即通过对经济增长尤其是制造业扩张所引致的服务需求来产生影响，因此，服务业发展附属于制造业发展。"供给主导论"认为，服务业尤其是生产性服务业是制造业生产率得以提高的前提和基础，没有发达的生产性服务业，就不可能形成具有较强竞争力的制造业部门。"互动论"认为，生产性服务业和制造业部门表现为相互作用、相互依赖、共同发展的互动关系。"融合论"认为，随着信息通信技术的发展和广泛应用，制造业开始出现"服务化"（Servicization）趋势，从而导致生产性服务业与制造业之间的边界越来越模糊，两者出现了融合趋势。

关于上述四种论述生产性服务业同制造业之间关系的比较流行的观点，目前我国学术界的总体看法是："需求遵从论"和"供给主导论"都过于片面，只看到了问题的一面，缺乏对问题全面、深入的剖析，"互动论"比较切合实际，而"融合论"反映的则是未来的产业演变趋势（顾乃华等，2006）。然而，如果深入到企业微观层面，制造业与服务业（尤其是生产性服务业）之间的融合并不完全依赖于信息通信技术的发展，而是更多地反映出当代经济中企业战略的变化特征。Bowen 等人（1989）对此作出了解释。因此，我们认为，互动论与融合论都反映了当代经济的特征。

从产业互动机制角度上看，对制造业与服务业的产业互动机制的研究，可以划分为两类视角，即基于分工视角与基于竞争力视角。前者是从产业层面的角度去解释制造业与服务业之间的互动，而后者则是从企业微观层面进行解释。在分工视角下，生产性服务业的发展能促进经济分工，从而提高经济效率；在竞争力视角下，制造业企业使用生产性服务有利于其提高竞争力。其中，分工视角是解释制造业与服务业之间产业互动的主要思路。

3. 工业化进程中的产业空心化与产业结构软化现象

"产业空心化"（Industrial Hollowing-out, or Industry Hollow）一词最早出现于布鲁斯和哈里逊所著的《美国的脱工业化》（1982）一书。他们认为，产业空心化就是在一国的基础生产能力方面出现了广泛的资本撤退。高野邦彦认为，产业空心化是"特定地区为基础的特定产业的衰退，新产业的发展不能弥补旧产业衰退而形成地区经济的极度萎缩"。另外，根据日本《经济白皮书》中对产业空心化的解释，产业空心化是指"由于海外直接投资的增大而带来的国内生产、投资、雇佣等的减少势态"，其实质是制造业空心化。

在中国，对产业空心化现象或类似现象也有一些研究。譬如，樊纲（2003）认为，当原有产业逐渐衰退，为了生存向后进国家转移，而新的产业还没有充分发展，补不上转移出去的缺口时，就会出现所谓的"离制造业"现象，工业在国民经济中的比重不断下降，继而形成产业空心化局面。梁继宗和畅士家（1989）认为，产业空心化是一国由于投资结构的失调以至产业政策错误，使国内物质生产和技术得不到充分发展，造成物质生产在国民经济中的地位明显下降，物质生产与非物质生产之间的比例关系严重失衡，形成国民经济基础机构的匮乏症。周振华认为，产业空心化是指"因经营资源规模的转移而发生的行业性或地区空白现象"，它意味着特定产业的崩溃和衰亡。国彦兵（2003）认为，产业空心化是由于某产业的资源配置、有效投入、规模发展及技术人才等逐渐地从原有空间消失或转移，从而使其面临退出市场或行业竞争的状况。

上述国内学者是对产业空心化的现象进行描述，而蒋志敏和李孟刚（2006）则从生产要素的角度对产业空心化进行定义。他们认为，产业空心化是指由生产要素比较劣势引致特定区域内特定产业衰亡的过程。该定义隐含了三层含义：①产业空心化从根本上讲是生产要素的空心化，其根源在于生产要素的比较劣势，包括资本、技术、劳动力、资源等。②随着空心化程度的加深，将逐渐波及同类产业乃至上下游产业，最终导致整个产业结构的失衡。③产业空心化属于市场失灵。

产业结构软化（Industrial Structure Softening; Industrial Structure Weakening）是与产业空心化具有一定联系又有所区别的一个概念。产业结构软化概念很少出现在外文文献，它更多的是由一些国内学者进行研究。李健骆（1999）是对产业结构软化现象较早进行研究的国内学者。他认为，所谓产业结构软化，是指在社会生产和再生产过程中，体力劳动和物质资源消耗相对减少，脑力劳动和知识的消耗增大；与此相适应，劳动和资本密集型产业的主导地位日益被知识和技术密集型产业所取得；产业结构软化的含义包含产业内部不断软化和软产业的比重不断上升。马云泽（2004、2005）进一步指出，产业结构软化具体表现为四个方面，即产业结构高技术化、产业结构融合化、产业结构国际化和产业结构服务化。马云泽（2005）则将产业结构软化的表现分为两类：前向软化（产业结构高度化）和后向软化（传统产业的软化）。

马云泽（2005）还进一步构建了产业结构软化的动力机制模型。在这一模型中，产业结构软化受到两方面因素的影响，即内在动力机制因素和外在作用机制因素。其中，内在机制因素包括需求、技术、劳动力和知识；而外在作用机制因素则包括产业政策和经济体制等。

显然，根据上述分析，产业空心化与产业结构软化现象是两种存在明显区别的现象。不过，两者之间也存在一些联系。正如蒋志敏和李孟刚（2006）所指出的，产业空心化是产业结构软化过程的畸形发展。他们还进一步指出，产业空心化并非必然与产业结构软化相关，某些类型的产业空心化会导致"产业结构硬化"。譬如，一国产业的技术空心化，可能导致本国产业被长期锁定于低附加值的产业链低端，技术创新比重过低，而无法实现产业升级。

（二）浙江省工业化进程中制造业与服务业的产业互动和融合

1. 浙江省制造业与服务业的互动格局初具雏形

近年来，浙江省的制造业获得了长足发展，服务业也取得了一定的发展。2000~2010 年，制造业增加值占全省 GDP 的比重从 22.51% 增加到 42.58%；服务业占全省 GDP 的比重则由 36.41% 增加到 43.51%。浙江省制造业的高速发展已成为浙江经济的重要特点之一。

伴随着浙江省制造业的高速发展，浙江省生产性服务业的需求潜力巨大，这一需求潜力表现在如下几个方面：①浙江省民营经济的蓬勃发展催生了众多的中小企业，带来对生产性服务业的巨大需求。②企业产权制度改革对生产性服务业产生了新的需求。③企业外购生产性服务的趋势越来越强劲（陈栋，2006）。④浙江省的产业集聚特点有利于生产性服务业在产业集聚区内取得快速发展。

浙江省制造业对生产性服务业的市场推动作用已开始显现。2004~2006 年，制造业总产值从 17244.60 亿元增加到 26909.81 亿元，增长了 56.0%；服务业总量增长了 37.6%。在此期间，浙江省新兴的生产性服务业增加值也有了较快的发展。其中，信息传输、计算机服务和软件业增长 34.8%，金融业增长 55.8%，房地产业增长 32.6%，租赁和商务服务业增长 32.3%，科学研究、技术服务和地质勘查业增长 45.4%。在最近几年，浙江省生产性服务业的发展速度高于消费性服务业与社会服务业。服务业的内部结构调整取得了一定的成绩。当然，生产性服务业的增长并不能完全归结于制造业增加值的增长，但不可否认，制造业的发展极大地推动了这些新行业的发展。

不过，从统计数据上看，与国内其他发达省市相比，目前浙江省的服务业比重仍相对偏低，特别是与北京和上海相比还有很大差距。如果与世界经济发达国家或地区相比，这一差距更为明显。除了在服务业占 GDP 的比重相对偏低外，浙江省服务业的内部结构层次也相对较低。在浙江省服务业内部，商贸、餐饮等消费性服务业占的比重曾经一度高达 70% 以上，而知识密集型、技术密集型的生产性服务业比重较低。服务业与制造业的相互渗透和相互关联程度相对较低。服务业结构性落后与总量扩张缓慢的相互交织，在一定程度上制约了服务业和制造业的互动发展。

目前，浙江生产性服务业的市场交易化程度较低，许多企业没有在市场购买服务的传统，从而导致生产性服务业的发展缓慢，完善的服务市场体系尚未形成。另外，在金融业、交通运输、邮电通信和文教卫生等行业行政垄断特征也较为明显，民间企业和民间资本的进入壁垒较高。

尽管浙江省服务业尤其是生产性服务业不仅面临结构性落后与总量扩张缓慢的问题，但浙江省制造业的崛起为生产性服务业的快速发展提供了良好条件。在生产性服务业市场机制健全的条件下，浙江省制造业的发展将更有力地推动生产性服务业的快速发展。

2. 浙江省制造业与服务业的产业融合趋势开始呈现

产业集聚现象是浙江经济的典型特征之一。目前，浙江省以中小企业为主构成的产业集群的工业总产值已占整个工业的60%以上。仅以装备制造业为例。最新统计资料显示，目前浙江省的装备制造业总产值在100亿元以上的区块已达到15个。浙江省装备制造业产业现已形成了众多以产品品种为导向的区域性产业集聚。诸如温州的高低压电器、阀门，杭州、台州的汽车零部件、绍兴的纺织机械，宁波、舟山的塑料机械、船舶制造，台州的工业缝纫机等产业集群，已在国内具有较强的影响力和竞争力。

产业集聚推动了集群企业分工朝着专业化方向发展，并促进了集群内制造业与生产性服务业之间的融合。目前，在浙江省的许多产业集群内，产业链延伸的现象非常明显。譬如，在绍兴的轻纺产业集群内，后向与前向的产业链延伸现象突出，既有朝着研发方向的后向延伸，又有朝着品牌营销方向的前向延伸。同样，温州的高低压电器产业集群、台州的汽车零部件产业集群、海宁的皮革制造产业集群、永康的五金产业集群等大量集群内，也具有这一趋势。这种产业链延伸的后果，在许多情况下都是导致制造业向生产性服务业延伸。

此外，制造业与服务业尤其是生产性服务业之间的融合，不仅体现在产业层面，同时也体现在企业微观层面。在经济全球化背景下，全球范围内的社会分工日趋深化并日益复杂。这种经济特征促使服务业企业开始广泛应用制造导向（Manufacturing Orientation）策略，同时也促使制造业企业大量采用顾客服务导向（Customer Orientation）策略。在传统经济时代，服务与制造品的生产与交付（Dilivery）具有典型特征。在服务业企业的制造导向与制造业企业的顾客服务导向背景下，企业微观层面上的制造业与服务业的产业融合趋势得以显现，如图6.1所示。

在浙江省的许多产业集群内，大企业特别是龙头企业，其顾客服务业导

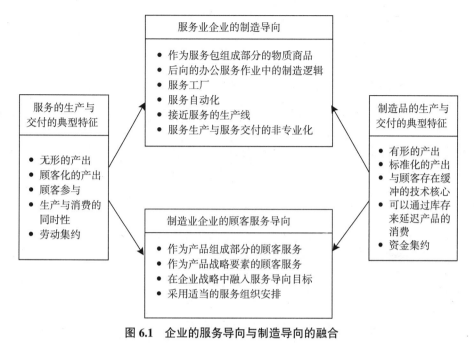

图 6.1　企业的服务导向与制造导向的融合

资料来源：根据 Bowen、Siehl 和 Schneider. A Framework for Analyzing Customer Service Orientations in Manufacturing. AMR，Vol. 14，No. 1 （Jan.，1989）等相关资料改编。

向非常突出。譬如，在温州高低压电器产业集群内，正泰、德力西等大企业明确地采用了顾客服务导向策略；在慈溪家电产业集群内，方太等较大的企业也采用了类似策略。这种现象在浙江省的产业集群中非常普遍。这些现象表明，浙江省工业化进程中制造业与生产性服务业之间的融合现象已开始出现。

　　不过，从生产性服务业的发展阶段看，浙江省目前的生产性服务业更多地体现了成长期的特点（如图 6.2 所示）。在成长期内，外部的生产性服务市场逐步形成，制造业企业的内部活动逐步开始外部化；同时，外部的生产性服务供应者之间的竞争也开始表现出来（吕政等，2006）。在该阶段，对生产性服务业的需求不仅有那些知识密集型和创新型的制造业企业，还有那些知识密集和创新程度相对较低的一般性制造业企业。另外，值得强调的是，在该阶段生产性服务业的成长又表现出两类特征：一类是成本驱动的成长模式；另一类是差异化驱动的成长模式。前者主要是那些标准化和日常性的生产性服务业，后者主要是信息和知识更加密集型的生产性服务业。

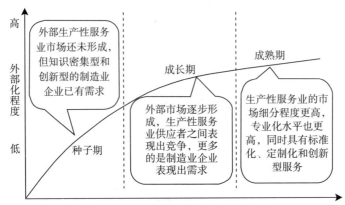

图 6.2　生产性服务业的发展阶段

资料来源：吕政、刘勇和王钦：《中国生产性服务业发展的战略选择——基于产业互动的研究视角》，《中国工业经济》2006 年第 8 期。

三、浙江省工业化的区域环境分析

在工业化进程中，尽管浙江省工业化发展的总体水平居于全国前列，但在省内的区域发展结构上，不均衡的现象较为突出。这种区域不均衡状况不仅表现在当代工业化发展的总体评价结果上，而且还表现在工业化发展的各个主要不同侧面上。图 6.3 显示了浙江省工业化发展阶段评价指标指数（1、2、3 级指数）水平的三大区域间对比状况。

本书第四章分析了浙江省工业化发展的区域结构。但是，它并不能完全准确地指明浙江省各地区在工业化发展的努力方向，这是因为浙江省各地区的工业化发展环境毕竟存在着巨大差异。在不同的工业化发展环境条件下，工业化发展重点也存在较大的差别。为此，本节将对环杭州湾地区、温台沿海地区和金衢丽地区的工业化发展环境分别进行简单的分析，从而为这些地区工业化发展的重点方向选择提供借鉴。

（一）环杭州湾地区工业化发展环境分析

环杭州湾地区是浙江省内工业化发展最发达的区域。并且，在工业化发展水平和工业化发展动力方面，环杭州湾地区也是浙江省内发展状况最好的

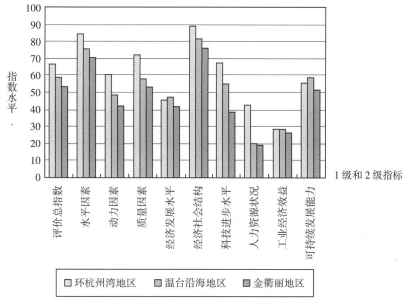

图 6.3　浙江省工业化进程的区域对比

资料来源：根据第四章的相关数据绘出。

区域，但该地区在工业化发展质量方面处于浙江省中等水平。环杭州湾地区工业化发展环境的特点主要表现在：

（1）全球性产业转移趋势与新技术革命为环杭州湾地区的工业化发展提供了重要机遇。随着经济全球化趋势的进一步加强，在全球范围内掀起了产业转移的浪潮，国际制造业加速向我国尤其是长三角地区转移，有利于环杭州湾地区更快融入世界经济，更大范围地分享国际资本、技术、资源和市场机会；以信息技术、生命科学等为先导的新科技革命，为发展中国家和地区利用后发优势，改造提升传统经济，拓展新兴产业，实现跨越式发展提供了重要机遇。

（2）明显的区位优势与广阔的国际化平台为环杭州湾地区的工业化发展创造了有利条件。环杭州湾地区毗邻沪苏，通江达海，区域内外各类交通发达，随着杭州湾跨海大桥的完工与沪杭高速铁路等重大交通项目的建设，将进一步推进本地区融入大上海经济圈。上海以金融、贸易、航运等现代服务业发展为核心加快国际大都市建设，世界经济枢纽城市地位日益突出；江苏积极引进外资强化产业园区建设并加快传统产业升级步伐，国际资本加快集聚，整个长江三角洲地区经济互动发展与一体化进程加快推进，一个以上海为龙头的世界第六大城市群正在加速崛起，为环杭州湾产业带发展提供了宽广的国际化平台，将带动环杭州湾地区加速融入全球经济体系。

（3）雄厚的经济实力与丰富的资源禀赋为环杭州湾地区的工业化发展奠定了良好基础。环杭州湾地区在经济发展水平上已经整体达到了后工业化时代的标志水平，民营经济进入新飞跃的起步阶段，积累了进一步发展的强劲动力。同时，发达的特色块状经济在全国乃至全球市场上已经占有重要地位，形成了初步专业化经济优势，正处于加速集聚、提升发展阶段，为培育具有国际竞争力产业集群提供了坚实基础。此外，环杭州湾地区集中了全省主要的深水港口、滩涂等自然资源，建有秦山核电站、嘉兴电厂、北仑电厂等大型能源企业，拥有钱塘江、太湖等江河湖泊，汇集了海、江、湖、溪、山、岛等多种自然景观，为环杭州湾地区的工业化发展奠定了良好的资源基础。

（4）富有活力的体制与消费结构的全面升级为环杭州湾地区的工业化发展提供了有力保障。环杭州湾地区民营经济富有活力，政府职能加快转变，市场体系较为发达，市场化进程领先全国，形成了充满创新活力的体制基础。全面建设更高水平的小康社会，带来了消费结构新的全面升级，从而推动了住宅、汽车及装备工业、基础原材料工业的发展，并使它们成为拉动新一轮经济增长的主导产业，从而为环杭州湾地区改造提升传统产业、大力发展高新技术产业、有重点地开拓临港重化工业提供了巨大的市场空间和难得的市场机遇。

（5）工业企业国际竞争力不高与产业互动能力较弱成为环杭州湾地区工业化发展的主要制约因素。在环杭州湾地区，制造业整体素质不高，战略型企业家缺乏，生产经营模式落后，核心技术欠缺，这些因素导致该地区的工业企业国际竞争力相对于国际先进水平还有很大的差距。此外，该地区的生产性服务业相对尚不发达，中心城市的现代物流、投资银行、科技中介、管理咨询、教育培训等现代生产型服务业发育迟缓，先进要素集聚功能薄弱，重要基础原材料自给不足，从而影响了制造业竞争力的整体提升。该地区的制造业与生产性服务业之间的互动格局还有待进一步加强。

（二）温台沿海地区工业化发展环境分析

温台沿海地区的工业化发展状况与全省平均水平相当。在工业化发展水平和工业化发展动力方面，温台沿海地区的发展状况略低于全省的平均水平；

但在工业化发展质量方面，该地区代表了浙江省的最高水平。该地区工业化发展环境的特点主要表现在：

（1）国际分工的深化与全球性资源要素流动为温台沿海地区的工业化发展提供了重大机遇。进入21世纪后，全球范围内的国际分工趋势进一步得到强化，国际分工的形式也日益多样化。温台沿海地区的产业特色在复杂的国际分工体系中得到了更充分的体现。随着国际分工与国际专业化趋势的进一步加强，温台沿海地区诸多产业发展的比较优势将得到进一步的发挥。全球性的资源要素流动格局业已初步形成，以上海为龙头的长三角都市经济圈逐渐成为亚太地区国际资本、技术、人才的集聚高地；在长三角都市经济圈内，温台沿海地区占据了独特的产业地位并拥有一批富有比较优势的产业，这将有力地带动温台地区加速融入全球经济体系。

（2）国际化的市场与日益改善的区位条件为温台沿海地区的工业化发展创造了良好条件。温台沿海地区的许多产业集群已明显呈现出国际化特征，国际市场早已成为该地区制造业产品的重要市场，甚至成为部分产业产品的主要市场。随着经济向全球化开放格局的强化，国际市场将得到进一步开放，这为该地区的工业化发展创造了有利形势。此外，温台地区北接宁波、绍兴，南邻福建，西连金华、丽水，东临东海，位于我国沿海中部经济发达地区的南缘，陆海交通便利；地处浙南与闽北交接地带，与台湾地区文脉相通、地缘相融，是浙江省吸引台资的重点区域。随着金丽温高速公路、台缙高速公路和甬台温铁路等交通项目的建设，温台地区的区位条件将进一步改善。

（3）鲜明的产业集群特征与较丰富的资源禀赋为温台沿海地区的工业化发展奠定了坚实基础。温台地区拥有汽车摩托车及零配件、医药化工、模具塑料、服装机械、水泵阀门、工艺美术、家用电器、绿色农产品和水产品加工、鞋帽服装、日用品加工等发达的特色产业，一大批富有活力的专业市场及其依托的小城镇；部分产业集群已经形成特色产业、专业市场、小城镇三位一体联动发展的格局。这些具有鲜明特征的产业基础成为了该地区工业化发展的坚实基础。此外，温台地区拥有丰富的海洋资源、旅游资源、滩涂资源、非金属矿产资源等，是全省自然资源较为丰富的地区之一。而且，该地区的地方财政收入达215亿元，并积累了雄厚的民间资本。绝大多数企业已从资本原始积累转向企业扩展、升级阶段，一些骨干企业开始大步"走出去"，跳出温台寻求发展，同时传播了"温台模式"。

（4）深厚的文化底蕴与极具活力的体制机制为温台沿海地区的工业化发

展提供了内在动力。温台沿海地区文化的典型特征之一是洋溢着浓郁的经济脉息。历史上永嘉学派的兴起，使义利并重和注重工商的思想成为该地区的重要思想，并深深地影响着人们的思想观念和行为方式。该地区文化的另一个典型特征是融会了多元文化的精神特质。温台地区的自然环境具有"山海并利"的特征，人们受到多种文化因素的熏陶，因此表现出既有山的韧劲，又有海的胸襟；既有内陆文化吃苦耐劳、顽强拼搏的优点，又有海洋文化敢于开拓、勇于冒险的胆气，使温台地区形成了敢闯、务实、灵活、创新的"温台精神"和富有特色的地域文化。此外，温台地区是"温台模式"发祥地，我国家庭企业、股份合作制企业、私营企业首创地和我国金融改革的试点区，民营经济活力充沛，机制灵活，市场体系较为健全，市场化进程及行业协会等中介组织建设领先全国，经济体制充满活力。

（5）产业层级较低、国际竞争加剧与传统市场经济的"三缘"关系基础等因素成为温台沿海地区工业化发展的主要制约因素。由于发展阶段、市场环境、改革进程与资源环境的局限，温台沿海地区的发展也面临一些问题。这些问题突出表现为：传统产业的层级普遍过低，产业整体素质不高，依靠低成本劳动力和以模仿创新为主的产业发展路径，受到国际贸易保护壁垒、国内国际市场竞争加剧等多重挑战；体制创新任务繁重，以"三缘"（地缘、血缘、亲缘）关系为基础的传统市场经济面临向以法治为基础的现代市场经济转变；区域发展不平衡，山区、海岛与沿海平原区的发展差距在扩大；土地、能源、人力等要素资源供给严重不足，环境容量约束加重，企业扩张要素支撑不足，引进外资步伐相对缓慢；中心城市的要素集聚功能与辐射功能不强，制约了资源配置效率和城市竞争力的提高；局部区域环境问题加剧，自然资源的持续利用能力有待提高等。

（三）金衢丽地区工业化发展环境分析

金衢丽地区工业化发展的总体状况在全省处于最低水平，并且，在工业化发展水平、工业化发展动力和工业化发展质量等主要方面，该地区都处于浙江省的最低水平。金衢丽地区工业化发展环境的特点主要表现在：

（1）统筹区域协调发展力度加大与区际产业转移浪潮为金衢丽地区的工业化发展提供了重要机遇。统筹区域协调发展是十六届三中全会提出的重要方针，是省委"八八战略"的重要内容。发挥山海资源优势，将欠发达地区培育成为浙江新的经济增长点，促进沿海发达地区与浙西南山区欠发达地区协调发展，是浙江区域经济社会协调发展的必然要求。在加强浙江区域经济社会协调发展的过程中，金衢丽地区将面临较多的发展机遇。此外，在区域经济一体化的趋势下，长三角合作与交流的领域与空间正在不断拓展和延伸，区际产业转移浪潮正在到来。这为金衢丽地区发挥劳动力、土地、环境等资源优势，积极吸纳国际国内产业转移提供了机遇，为金衢丽地区参与更大范围、更广领域和更高层次的合作创造了条件。

（2）巨大的发展潜力与不断提升的生态环境资源价值成为金衢丽地区工业化发展的重要依托。金衢丽地区是钱塘江、瓯江、曹娥江、飞云江、椒江等水系的源头，森林覆盖率高，环境资源条件好，水资源、森林资源、矿产资源较为丰富。该地区同时拥有相对丰富的劳动力资源，金衢盆地土地资源也较为丰富。随着交通区位优势的提升和投资环境的改善，发展潜力较大。金衢丽地区具有相对优越的生态环境。从国际经验看，当人均 GDP 达到 2000~3000 美元时，人们对高品质生态环境的需求快速增长，生态环境的资源价值迅速提升。在浙江省进入加快全面建设小康社会、率先基本实现现代化的发展阶段，金衢丽地区的生态环境优势将逐步显现，成为推进区域快速发展的重要依托。

（3）经济社会发展相对滞后与区域发展不均衡是金衢丽地区工业化发展的现实状况。金衢丽地区经济社会发展总体水平与环杭州湾、温台地区有较大差距。2010 年，人均 GDP 分别为浙江省、环杭州湾地区和温台地区的 64.5%、44.1% 和 85.4%；社会发展指标也大多与环杭州湾和温台地区有较大差距。在金衢丽地区内，金华与衢州、丽水两市比较，经济社会发展水平相对较高。2010 年，金华市人均 GDP 为金衢丽地区平均水平的 124.7%，而衢州市和丽水市的人均 GDP 仅为金衢丽地区平均水平的 69.1% 和 84.2%。在人均地方财政收入、城镇居民人均可支配收入、农村居民人均纯收入、人均社会消费品零售总额等方面，金华市均高于衢州市和丽水市。如果将统计层面深入到县（县级市和区）一级，则金衢丽地区的发展不均衡状况更为突出。

（4）科技进步水平落后、人力资源开发水平相对低下与基础设施薄弱等是金衢丽地区工业化发展的重要制约因素。金衢丽地区的科技进步水平明显落后。根据工业化发展阶段评价结果，与全省平均水平、环杭州湾地区和温台沿海地区相比，金衢丽地区的科技进步水平仅分别达到 47.7%、49.2% 与 85.2%。同样，金衢丽地区的人力资源开发水平也相对低下，它与温台沿海地区的人力资源开发水平远远低于全省平均水平和环杭州湾地区水平。金衢丽大部分区域地处山区，交通不便，信息闭塞，基础教育水平相对落后，人们的市场经济意识较为淡薄，劳动力就业、创业能力比较弱，人力资源总体开发水平较低，加上引进高素质人才难度大，本地专业技术人才时有外流，一般劳动力过剩与高素质人才紧缺并存。此外，金衢丽地区在基础设施方面明显滞后于经济社会发展需求，突出表现在交通路网等级低、运力不足，电力供应紧张、输变电设施能力不足，城市基础设施和环保设施投入有待加大等。该地区迫切需要加强基础设施建设，以有效支撑工业化和城市化进程。

（5）生态环境承载能力脆弱对金衢丽地区工业化发展过程中的经济增长方式转变提出了巨大挑战。金衢丽地区是浙江省八大水系中五大水系的发源地。尤其是由于处于钱塘江和瓯江两条主要江河的中上游，金衢丽地区需要承担特殊的生态功能，在全省生态安全体系中具有十分重要的战略地位。金衢丽地区能否成为浙江的"绿色之肺"，关系到浙江省乃至周边省市人与自然的和谐发展。金衢丽地区有相当数量的欠发达和生态保护重合区域，这些区域面临既要脱贫致富奔小康，又要承担重要生态功能的双重任务。工业化和城市化的推进，金衢丽地区对土地、水、电等资源需求量越来越大，对生态环境容量的要求大为提高。目前该地区经济增长方式仍较粗放，产业发展对环境与资源形成较大压力，需处理好经济持续快速发展与资源适度开发、环境有效保护之间的关系。

四、浙江省现阶段产业选择、产业融合与区域环境分析的主要结论

在本章上述内容中，简要地分析了浙江省现阶段制造业主导产业选择、制造业与服务业之间的产业融合现象，以及浙江省工业化的区域环境。通过这些分析，大致可以得到如下一些主要结论：

（1）当前浙江制造业应重点选择的产业主要有：电子通信、电气机械、交通运输设备、化工、石油、废弃资源与废旧材料回收加工、医药、纺织服装、皮革等；其选择依据主要有产业的增长潜力、就业功能、产业关联效应、全要素生产率（TFP）增长与工业工业经济效益五个方面。

（2）为了促进浙江制造业主导产业的发展，必须制定和实施合理、有

效的产业政策。这些产业政策的制定与实施，必须能够提高主导产业的国际竞争力，能够加强主导产业对其他产业和整个制造业发展的带动效应，能够正确处理劳动密集型产业与资本、技术密集型产业之间的关系，扩大出口与国内市场之间的关系，以及民营企业与其他所有制形式企业之间的关系。

（3）近年来，在浙江省的工业化进程中，制造业与服务业之间的互动格局已初具雏形，服务业内部结构调整取得了一定的成绩。浙江省制造业在近年来的高速发展，推动了生产性服务业的快速发展。总的来说，生产性服务业的总体发展速度仍略低于制造业的发展速度，但高于消费性服务业和社会服务业的发展速度。因此，生产性服务业的增长潜力仍然很大。不过，从总量上看，浙江省服务业仍然存在着服务业总量扩张较为缓慢的问题。

（4）无论是从产业层面还是从企业微观层面上看，在浙江省近年来的工业化发展过程中，制造业与服务业之间的产业融合现象已初步呈现。浙江经济所具有的鲜明的产业集聚特征，推动了集群企业分工朝专业化方向发展，并促进了集群内制造业与生产性服务业之间的融合。目前，在浙江省的许多产业集群内，产业链延伸的现象非常明显。这种产业链延伸的后果，在许多情况下都是导致制造业向生产性服务业延伸。此外，在企业微观层面上，制造业与服务业的产业融合趋势也开始显现。在浙江省，企业微观层面的产业融合趋势主要表现在制造业企业向服务业融合，而服务业企业向制造业融合的现象还很少。

（5）环杭州湾地区是浙江省内工业化发展总体基础最好的区域，具备建设先进制造业基地的优越条件，并拥有科技成果转化的坚实基础，但该地区亟须提高工业企业的国际竞争力，并克服生产性服务业对制造业的制约。

（6）温台沿海地区的工业化基础较好，其工业化发展质量最高，拥有建设国际性产业集群的有利条件，并具备民营经济创新的内在基础，但该地区迫切需要提升产业层级，建立满足现代产权制度要求的企业经营模式，并切实提高科技水平与人力资源开发水平。

（7）在浙江省工业化发展的区域结构中，金衢丽地区的工业化基础相对薄弱，但拥有巨大的工业化发展潜力。在工业化进程中，特别需要注意生态环境的保护与资源的集约利用，通过新兴工业推进生产性服务业的发展，并利用工业化推动空间结构的转变，以有序的城市化步调促进消费性服务业的发展，从而实现经济社会结构的顺利转型和经济发展水平的提高。此外，对金衢丽地区，浙江省各级政府应当充分运用经济杠杆，建立诸如生态补偿机制等补偿或协调机制，以防止地区经济朝着破坏性开发生态资源的过度市场化方向发展，并对生态环境脆弱地区的工业经济发展进行一定程度的补偿。

第七章　浙江省现阶段工业化的主要矛盾与对策

在将工业化进程划分为前工业化阶段、工业化初期、工业化中期前半阶段［简称"中（前）期"］、工业化中期后半阶段［简称"中（后）期"］、工业化后期和后工业化阶段的基础上，本书综合运用发展经济学、古典和新古典经济学与新制度经济学的工业化观点，构建了工业化发展阶段评价体系，并应用该评价体系对当前浙江省所处工业化发展阶段作出了判断。通过国际经验比较，本书分析了工业化中（后）期的阶段性要求。通过运用评价体系对浙江省工业化发展状况的评估，以及在全要素生产率（TFP）的研究框架下，本书分析了浙江省现阶段工业化的主要特点。

根据对浙江省现阶段工业化进程的基本判断，对比工业化中（后）期的阶段性要求与浙江省现阶段工业化的主要特点，可以识别出浙江省现阶段工业化进程中所面临的主要矛盾。

一、浙江省现阶段工业化的一些基本结论与所面临的主要矛盾

（一）浙江省现阶段工业化进程的一些基本结论

1. 浙江省现阶段工业化进程的基本判断

应用本书构建的工业化发展阶段评价体系，作者发现，浙江省从"十一五"前期开始进入工业化中期后半阶段；进一步的预测结果表明，浙江省将在"十三五"期间步入工业化后期阶段。

根据本书的结果，自 2001 年开始，浙江省开始步入工业化中（前）期阶

段，而在 2007 年开始跨入工业化中（后）期。从构成工业化发展阶段评价的水平因素、动力因素和质量因素三大因素来看，在 2000~2010 年，浙江省工业化发展的水平因素提升较快，目前，水平因素已达到工业化后期的水平。而工业化发展质量尚处于工业化中期前半阶段。

近年来，浙江工业结构的升级对工业化发展贡献最大。本书将制造业增加值占总商品部门增加值的比重作为反映工业结构升级的指标。研究表明，近年来，浙江省制造业增加值占总商品部门增加值的比重快速攀升，对浙江省工业化发展总体水平的提升贡献最高，其贡献率达到了 18.5%。而在反映工业经济效益的总资产贡献率和工业成本费用利润率两个指标上，浙江省的表现却不尽如人意，已严重影响了浙江省工业化的发展。

2010 年，浙江省工业化发展总体状况位居全国第 5，仅次于北京、上海、天津和江苏。研究发现，至 2010 年，在全国各地区中，共有 6 个省份进入工业化中（后）期，这些省市分别为：北京、上海、天津、广东、浙江和江苏；共有 18 个省份处于工业化中（前）期，这些省份分别为：辽宁、重庆、湖北、吉林、黑龙江、福建、山东、河北、陕西、河南、山西、江西、湖南、宁夏、广西、安徽、四川和内蒙古；其余省份均还处于工业化初期阶段。

2. 工业化中（后）期的内在特征要求

从需求和产出结构、要素驱动结构和资源再配置效应等方面来看，国际经验的比较结果表明，工业化中（后）期呈现出至少 4 个突出的内在特征。

（1）GDP 增长率进一步提高，制造业增加值占 GDP 的份额持续上升，制造业增加值持续高速增长，其增长速度高于服务业和初级产品部门。

（2）制造业部门对经济增长的贡献加快提升，并且制造业部门通常是这一阶段对经济增长贡献最大的经济部门。

（3）技术进步开始成为经济增长的主要驱动力量。在工业化中（后）期，由广义技术进步引起的全要素生产率（TFP）增长对经济增长的贡献迅速提高，并在这一阶段超越资本要素投入的贡献。TFP 增长对经济增长的贡献在期末接近一半。

（4）产业结构变动对经济增长的积极影响愈加重要。在工业化中（后）期，三次产业结构变动对经济增长的平均贡献达到了工业化进程中 11% 的最高水平。

3. 浙江省现阶段工业化发展的主要特点

在工业化进程中，浙江经济呈现出五个主要特点：总体态势好；经济效益低；区域不均衡；资本和技术双驱动特征明显；产业结构变动对浙江经济增长有一定积极影响。

（1）总体态势好。浙江省从 2001 年开始进入工业化中（前）期阶段，并在短短的 6 年内走过了这一阶段。目前，浙江省工业化发展阶段评价结果位居全国第 5，仅次于北京、上海、天津和江苏，与广东的差距微小。2000~2010 年，工业化发展的水平因素、动力因素和质量因素呈现出总体增长态势，它们目前在全国分别位列第 4 位、第 5 位和第 14 位。同时，经济发展水平、社会经济结构、信息化进程、科技进步水平、人力资源状况和可持续发展能力都获得了不同程度的发展。

（2）经济效益低。工业经济效益是浙江省工业化进程中亟须弥补的一块短板。在浙江省近年来的工业化发展过程中，工业经济效益是唯一呈现总体下滑趋势的指标类型，也是波动最大的指标类型。2000~2010 年，工业经济效益对浙江省工业化发展阶段评价总指数增长的贡献为−4.3%。此外，浙江省工业经济效益评价指数在全国各地区中位居第 28 位（倒数第 4），与国内领先水平具有非常大的差距。

（3）区域不均衡。浙江省工业化发展的区域结构较不均衡。总体上看，环杭州湾地区已经步入工业化中（后）期，金衢丽地区仍处于工业化中（前）期，而温台沿海地区总体上刚从工业化的中（前）期发展到工业化中（后）期发展。在城市层面上，杭州、绍兴、宁波、嘉兴、金华和舟山都已经进入了工业化中（后）期阶段，湖州、台州和温州刚从工业化中（前）发展到工业化中（后）期阶段，而丽水和衢州则尚处于工业化中（前）期。

（4）资本和技术双驱动特征明显。全要素生产率（TFP）增长通常被认为是广义技术进步对区域经济的影响水平；在 TFP 研究视角下，劳动投入、资本投入和全要素是区域经济增长的三大源泉；三者贡献的相对大小分别对应着经济增长的劳动驱动、资本驱动和技术驱动特征。1995~2010 年，浙江省 TFP 年均增长率约为 5.9%。TFP 增长对浙江省同期经济增长的贡献率达到 43.4%，而资本要素投入增长贡献率约为 44.3%。这一时期浙江省经济增长呈现出明显的资本和技术双驱动特征。

（5）产业结构变动对浙江经济增长有一定积极影响。三次产业间的资源再配置效应（TRE）的分析结果显示，1995~2010 年，在浙江省的经济增长中，产业结构变动的年均效应约为 0.2%；在这一时期内，产业结构变动对浙江经济增长的贡献率达到 6.5%。

（二）浙江省现阶段工业化所面临的主要矛盾

根据浙江省当前所处的工业化发展阶段特征与浙江省工业化进程中所体现出的主要特点，本书认为，当前浙江省工业化发展过程中面临着四对主要矛盾亟待解决：

（1）工业经济效益的持续下滑与经济可持续增长要求之间的矛盾。

2000~2010 年，浙江省工业经济效益开始出现总体持续下滑的趋势，特别是从 2003 年以后，浙江省工业经济效益出现了大幅度下降的态势。这一趋势与经济可持续增长要求之间的矛盾日益突出。特别是在现阶段，浙江省一方面面临着全国开始实施趋紧的财政政策的政策环境，另一方面又需要面对外部市场经济压力持续增加的市场环境，这对现阶段浙江经济提出了更高的要求。因此，如何处理工业经济效益的持续下滑与经济可持续增长要求之间的矛盾，以及如何提高资本的使用效率，是现阶段浙江省工业化进程中迫切需要解决的问题。

（2）工业化发展的区域结构不均衡现状与相对均衡发展要求之间的矛盾。

目前浙江工业化发展的区域结构不均衡状况突出。一方面，从区域工业化进程上看，全省各区域或城市的工业化发展很不均衡；另一方面，从特定评判指标上看，全省各地市在人力资源状况和科技进步水平等方面的发展也存在巨大差异。由于各地区工业化基础不同，而且所处的工业化环境也存在很大差异，有鉴于此，不可能要求全省所有的地区保持统一的步调推进工业化进程。但是，工业化毕竟是实现经济持续增长的必经之路，是实现现代化的必然选择，因此，如何推动浙江工业化发展的区域结构朝着相对均衡的方向发展至关重要。

（3）资本和技术双驱动特征现状与技术驱动特征阶段性要求之间的矛盾。

工业化中（后）期的典型特征之一，是技术驱动已经成为区域经济增长的主要特征。在工业化中（后）期，广义技术进步对区域经济增长的贡献超过了资本要素投入增长的贡献，技术驱动特征已经成为区域经济在工业化中（后）期阶段的内在要求。然而，作者的研究显示，在浙江省经济增长中，资本和技术双头驱动特征突出，其中在 2000~2010 年资本投入对浙江增长的年均贡献率达到了 44.3%。现阶段浙江资本和技术双驱动特征的现状与技术驱动特征的阶段性要求之间，存在着一定的矛盾。

（4）产业结构变化对经济增长的积极影响较低的现状与它发挥重要积极作用的内在特征要求之间的矛盾。

本书的研究结果表明，在 2000~2010 年，产业结构变动提高了浙江省年度平均经济增长率中的 0.74%，它对浙江经济增长的贡献为 6.5%。根据国际经验，在工业化中（后）期，产业结构变动对经济增长的平均贡献率将达到工业化进程中 11% 的最高水平。因此，在产业结构变动对浙江省经济增长的积极影响较低的现状，与它应当在本阶段发挥重要积极作用的阶段性要求之间，还存在着一定的矛盾。

二、推进浙江省工业化进程的主要对策

（一）优化产业结构，切实提升工业经济发展质量与效益

1. 把提高工业经济的质量与效益作为浙江省经济工作的首要任务

在要素成本快速波动、需求结构变化、市场竞争加剧、投资压力加大和企业社会责任等严峻的外部形势下，要充分利用外部环境变化与企业生存压力的"倒逼机制"，加大战略性新兴产业培育力度，加快传统产业改造升级，积极发展生产性服务业，着力优化产业结构，切实提升工业经济发展质量与效益，加快推动浙江省从工业大省向工业强省迈进。

2. 大力培育发展战略性新兴产业

坚持创新驱动，以重大技术突破和重大发展需求为基础，以重点创新产品应用推广为突破口，引导人才、技术、资金、土地等资源向新兴产业领域集聚，加快形成若干个千亿元产值规模的战略性新兴产业。立足现有产业基础，通过战略性新兴产业与传统优势产业互动、融合等途径，在全省确定的九大战略性新兴产业领域中，重点突破发展高端装备制造、物联网、新能源、新材料等产业，推进产业高端化发展。探索开展新兴产业企业试点工作，支持和引导龙头骨干企业向新兴产业领域延伸，充分发挥龙头骨干企业在发展战略性新兴产业中的示范引领作用。

3. 着力改造提升传统优势产业

引导企业加大技术改造力度，实现工艺流程升级、产品升级和功能升级，全面改造提升传统优势产业，提升传统优势产业在全球产业价值链中的地位。重点改造提升汽车、船舶、钢铁、石化、装备制造、电子信息、有色金属、轻工、纺织、建材、医药11大优势产业，加快向"微笑曲线"两端延伸。加大落后产能淘汰力度，利用市场力量转移或淘汰一些无法转型和升级的高消耗、高污染、低效益产业。

4. 积极发展生产性服务业

围绕制造业与服务业协同发展，以提升专业化水平和运行效率为目标，大力发展现代生产性服务业。围绕制造业转型升级需求，积极引导企业创新商业模式，不断推进工业设计、总部经济、金融服务、现代物流、信息咨询服务等生产性服务业发展壮大，降低工业的交易成本，提高工业企业的资源配置效率和增长质量，切实增强生产性服务业对制造业的服务和支撑能力。

（二）优化生产力布局，努力促进区域经济协调发展

根据浙江各地区所处的工业化发展阶段与区域环境特点，要因地制宜，采用不同的方式推进工业化进程，进一步完善生产力布局，努力促进区域经济协调发展。

1. 突出区域均衡发展，推动浙江欠发达地区的经济发展水平

按照优势互补、共同发展的原则，进一步完善"山海协作"机制，加快建设山海协作共建园区，深入开展发达地区市、县、乡对欠发达地区的三级对口合作帮扶，提高结对合作帮扶成效。鼓励欠发达地区充分发挥后发优势、资源优势，引导产业合理转移，大力培育特色产业和生态经济，利用生态优势发展高科技产业，走自我积累与借力发展相结合的道路。

2. 突出工业化与城市化协调发展

在提升发展环杭州湾、温台沿海、金衢丽高速公路沿线三大产业带的基础上，加快建设杭州大江东、杭州城西科创、宁波杭州湾、宁波梅山国际物流、温州瓯江口、湖州南太湖、嘉兴现代服务业、绍兴滨海、金华新兴产业、衢州绿色产业、舟山海洋产业、台州湾循环经济、丽水生态产业、义乌商贸服务业14个省级产业集聚区，促进新型工业化与新型城市化协调发展。

（三）建设创新型省份，大力提高自主创新能力

大力实施技术创新工程，通过转型升级发展，使浙江工业经济领域的行业龙头企业、规模以上骨干企业的关键技术和工艺达到世界先进水平。

1. 支持企业真正成为技术创新的主体

切实引导优质科技资源向企业集聚，鼓励和支持企业与高校、科研院所联合共建实验室。优先在全省工业行业龙头骨干企业、战略性新兴产业重点企业中布局建设一批工程技术研究中心、重点实验室和企业研究院。突出以企业为主体，以"产—学—研"机制创新为手段，深化科技体制改革，完善支持自主创新和成果转化的政策体系，引导各类创新主体加大研发投入，逐步建立产学研联合的风险共担、利益共享的资本与技术合作的双赢机制。

2. 加快推进区域创新体系建设

积极引进"大院名校"共建创新载体，培育一批国内一流的科研机构和公共创新平台，完善以企业为主体、市场为导向、产学研结合的技术创新体系，建立以科技人员为主力军，科学研究与高等教育有机结合的知识创新体系。在浙江现有研究与技术创新服务机构的基础上，设立浙江具有区域龙头作用的应用研究和开发机构，并使之承担起浙江产业与科技发展的重点研究任务。

3. 加强技术创新服务体系建设

大力发展技术评估、技术咨询、技术服务、专利代理、科技信息等科技中介服务机构，培育面向产业集群、中小企业的公共创新服务平台和生产力促进中心、科技孵化基地。推进各类专业孵化器建设，并以此为核心，组合技术支持、管理咨询、风险投资等多种力量，加快科技成果转化。健全技术市场，完善技术转移机制，加快科技成果向现实生产力的转化。

4. 深入实施知识产权和标准化战略

加强知识产权创造与运用，重点培育一批拥有核心专利、熟练运用专利制度、国际竞争力较强的知识产权优势企业。鼓励企业联合构筑专利联盟，推进专利技术产业化。鼓励企业购买国内外发明专利或取得专利许可，提高运用知识产权的能力。切实加强知识产权的保护和管理。围绕提高产业技术水平与竞争力的需求，鼓励企业和科研院所积极参与国际、国家和行业标准制（修）订。引导企业积极抢占战略性新兴产业相关标准制高点。

（四）强化集群化发展，积极推进块状经济向现代产业集群升级

将块状经济向现代产业集群转型升级作为推进浙江省工业化进程的重要举措，深化工业经济集群化发展，增强工业综合实力和国际竞争力。

1. 优化集群协作配套体系

以全省现代产业集群转型升级示范区为重点，进一步明确集群结构优化、重点企业培育、重大项目带动、空间平台优化、创新发展推动、政策要素支撑等工作重点，鼓励支持企业组建产业联盟、产品联盟和技术联盟，加强产前、产中、产后的配套协作，创造有利条件吸引高校与科研机构在块状经济内设立研发中心鼓励规模企业建立技术中心等研发机构，加强块状经济共性技术和关键技术的联合攻关。促进跨区域产业链与区域生产综合体系的形成，构建跨区域的服务支撑体系，构筑跨区域的市场竞争合作机制，以范围经济促进传统块状经济向现代产业集群转变。

2. 推进集群品牌建设

加快向高附加值产品市场拓展，推动块状经济的产业升级和产品升级，通过品牌力量与国际化视野引导传统块状经济向现代产业集群转变。推动生产要素向品牌企业和优势企业流动，形成集聚效应，培育形成区域品牌。积极探索不同块状经济区域品牌建设的路径和方式，着力将企业品牌、产业品牌、区域品牌升级为城市品牌，形成浓厚的区域产业文化。

（五）建设"智慧浙江"，积极推动信息化与工业化深度融合

以建设"智慧浙江"为契机，切实将推进"两化"深度融合，培育一批"智慧产业"和"智慧企业"，努力实现"浙江制造"向"浙江智造"转型。

1. 深入推进企业信息化提升工程

以全省146家工业行业骨干企业为重点，支持工业企业根据行业特点和企业自身实际，加快关键环节信息技术的集成应用。引导企业积极应用计算机辅助制造、柔性制造系统、先进控制技术等信息技术改造工艺技术和装备，提高制造过程的自动化、智能化水平；大力推进管理信息系统在企业财务、物流、营销、人力资源等管理环节的应用，实现管理的集成化、信息化和智能化。

2. 大力实施块状经济"两化"融合工程。

以 42 个省级产业集群示范区为重点，建设"两化"融合公共服务平台，支持工业园区建立"两化融合"服务机构，加强共性技术的研发和应用，提供相应咨询服务；加强产业集群所在区域的社会信息化建设，完善信息基础设施建设，提升交通、电力、供水、供气、物流等公共事业信息化水平，为产业集群"两化"深度融合提供基础支撑和保障。

3. 积极实施节能减排信息化应用工程

充分借力信息技术，形成对设计研发、生产等环节节能减排的支撑，助力低碳化、高效化、绿色化发展。以印染、造纸、皮革、化工、冶金、医药、建材等行业为重点，积极推广精细化、柔性化生产管理技术、资源回收利用技术、低能耗优化作业调度系统、能源管理系统（EMS）、能源利用综合平衡和调度管理系统，提高能源综合利用、污染源（物）监控和清洁生产的水平，创建一批"两化"融合促进节能减排试验区。

4. 深入实施公共管理领域信息化提升工程

通过社会公共管理领域信息化先行示范，高起点、高标准建设大型数据库，促进各种网络资源的互联互通和资源共享。根据各地市信息化发展情况，结合各个区域产业发展的特点，逐步推进智慧城市试点工作，打造具有地方特色的"智慧城市"。加强对政府、行业、企业网络资源的整合，建立统一的综合信息网络平台。根据工业园区、开发区、高技术园区等产业集聚区"两化融合"现况，筛选部分重点集聚区，加快推进"两化"深度融合。

（六）强化智力支撑，努力提升人力资源开发利用水平

围绕工业化发展需求，重点引进培育一批高层次创新创新人才、高技能人才和国际化人才，突出人力资源对浙江区域经济提升的支撑作用。

1. 建设高层次创新创业人才队伍

组织实施浙江省"151 人才工程"、"重点创新团队推进计划"、"百千万科技创新工程"、"高校创新人才培养工程"、"高素质医疗卫生人才培养工程"、"企业研发领军人才培养工程"、"企业经营管理人员素质提升工程"、"钱江高级人才引进计划"等人才培养工程，重点培养造就一批能冲击国际科技前沿、处于国内一流水平的科技领军人才和创新团队，一批熟悉国际国内市场、推动产业转型升级的企业家队伍，一批掌握核心技术、引领新兴产业发展的科技创业领军人才，大批敢于创业、善于创新的优秀青年人才。

2. 建设高技能人才队伍

围绕浙江省先进制造业、现代服务业、战略性新兴产业发展，培养引进一批企业紧缺急需的技能型人才，基本解决浙江省高技能人才队伍建设滞后问题，使高技能人才队伍不断满足经济社会发展的需要。把高职院校、技工院校作为培养高技能人才的主渠道，加快培养一大批技术技能型、复合技能型和知识技能型高技能人才。完善高技能人才培养平台，重点培育一批国家级、省级示范高职院校、重点技师学院，建设一批特色专业、新兴专业和骨干专业。充分发挥企业在高技能人才队伍建设中的主体作用，切实加强校企合作，加强综合性高技能人才公共实训基地建设。

3. 打造国际化人才队伍

深入实施"千人计划"，大力引进海外高层次人才和智力。拓展海外高层次人才引进渠道，加强与国外政府组织、人才机构、大院名所等机构的合作与交流，定期组织企事业用人单位赴国（境）外举办招才引智专场活动。加快建设海外高层次人才创新创业基地。

（七）建设"生态浙江"，全面提升浙江经济可持续发展水平

坚持走生态立省之路，深入推进节能减排，着力改善生态环境，全面提升浙江经济可持续发展水平，加快建设资源节约型和环境友好型社会。

1. 加大节能减排力度

积极开展结构节能、技术节能、管理节能和全民节能，深入实施节能降耗"十大工程"。建立严格的耗能行业准入制度，严格控制新上高耗能项目。突出抓好工业、建筑、交通运输和公共机构等领域的节能。强化源头控制，实行空间、总量、项目"三位一体"环境准入制度。严格控制重金属、持久性有机污染物等有毒有害污染物排放。

2. 大力发展循环经济

进一步落实国家和省关于加快工业循环经济发展的有关政策措施，着重抓好高能耗、高污染行业和企业的循环经济工作，以构建企业、产业之间循环链为主要途径，减量、循环高效利用资源，创建各具特色的循环型区域、园区和企业。建立完善废旧物资回收利用体系，扩大工业废弃物的综合开发利用，健康有序发展废弃资源和废旧材料回收加工业。

3. 推进资源节约集约利用

大力培育发展再生资源回收利用产业，结合产业发展和资源条件，建设一批再生资源回收利用产业基地，推进废旧金属、废旧塑料、废旧家电的回收利用产业发展。严格执行用水定额管理，积极推行海水利用、中水会用技术，抓好高耗水行业的节水改造。落实最严格的耕地保护制度和节约集约用地制度，建立完善目标责任制和评价考核机制，积极盘活低效利用土地，加快存量建设用地流转。

（八）培育企业核心竞争力，促进民营企业转型发展

加快浙江民营企业管理现代化和国家化经营步伐，切实提升民营企业综合竞争力。

1. 加快建立现代企业制度

鼓励企业借鉴先进管理理念、管理手段和管理模式，全面提升战略规划、生产组织、技术开发、财务管理、市场营销、售后服务等管理水平。鼓励企业开展股份制改造，优化股权结构，建立规范的公司治理结构。为浙江省中小型民营企业打造与区域龙头企业、国际性企业的合作与交流平台，引导中小型民营企业向规范化大型企业学习管理制度与管理技能，从而提高企业内部管理水平。关注民营企业代际传承过程中的困难，为民营企业代际传承的顺利进行提供必要、及时的协助。

2. 加快国际化经营步伐

鼓励引导优势企业在全球范围内开展多种形式的经济合作，提升利用国际国内两种资源、两个市场的能力。健全海外商情、项目信息、政策咨询、金融扶持、法律支持等服务体系，鼓励企业加强对主要贸易国技术法规、标准、合格评定程序的研究和学习，提升防范和应对技术性贸易壁垒的能力。鼓励企业与国际领先企业和组织的配套合作，积极探索在境外设立资源基地、生产基地，实现原产地多元化。

三、关于浙江省现阶段工业化进程的一些基本观点

当前，浙江省经济发展正处于关键时期。这要求我们对现阶段的重大课题达成共识。本书认为，在浙江省现阶段工业化发展过程中，有一些基本观点特别值得强调，并需要引起高度的重视。这些基本观点主要有：

（1）工业化是现代化的必经之路，是发展中国家实现经济持续增长和社会经济转型的必然选择。工业化绝不能片面地理解为工业经济发展，工业化不是制造化，也不是加工化。转型升级不是简单地去工业化，而是努力实现工业结构高度化，加快发展高端产业和提升传统产业。按新型工业化的要求，大力推进工业化进程，仍然是现阶段浙江经济社会发展的中心任务。

（2）浙江省虽已进入人均7000美元以上的阶段，但在今后较长的一个时期内，以制造业为主的工业仍然是浙江省区域经济发展的主要驱动力量，也是其他产业的支撑性产业；如果忽视工业经济的发展，有可能使浙江省陷入区域经济发展的产业空心化困境甚至"拉美陷阱"。

（3）大力发展战略性新兴产业是现阶段浙江省调整产业结构的重点。根据现代产业体系建设的要求，将高端装备制造、物联网、新能源、新材料等战略性新兴产业加快发展成为浙江经济的主导产业，是下一阶段浙江工业化发展的重点任务。

（4）产业融合已经成为新时期产业演变的重要途径。产业融合已成为当今世界新型的产业革命，工业化与信息化融合、制造业与服务业融合、战略性新兴产业与传统产业融合等，已成为产业发展和演进的重要途径。产业融合趋势的加速发展，对政府引导和推动区域经济发展提出了新的要求。

（5）工业化的实现方式多种多样，在浙江各地区的工业化进程中，应充分考虑发展阶段和区域环境特征的差异，在产业门类选择与产业组织方式上，要因地制宜，决不能搞"一刀切"、"齐步走"。

（6）工业经济效益不仅是工业经济可持续发展的命脉，而且还是区域经济持续健康发展的关键。如何提高浙江工业企业的经济效益，直接关系到浙江经济增长的速度与质量。要积极引导浙江工业经济从"有速度"向"有效

益"转变。

（7）民营企业是浙江省新型工业化发展的重要主体。如何推动浙江省民营企业加快建立真正意义上的现代企业制度，大力提高民营企业产品、技术、资本的国际化水平，是浙江省工业化进程中所面临的重要课题。

附录 A 中国与浙江省工业化发展评价原始数据

表 A.1 浙江省工业化原始数据（2000~2010 年）

年份 指标	人均GDP（元/人）	汇率—平价法的人均GDP（各年度美元/人）	三次产业产值结构（%）	制造业增加值占总商品部门比重（%）	人口城市化率（%）	一产就业人口比（%）	信息化水平指数	R&D经费占GDP比重（%）	专利申请受理数（件）	新产品产值率（%）
2000	13416	2849	10.3：53.3：36.4	35.4	48.7	35.6	—	0.54	10316	6.5
2001	14713	3138	9.6：51.8：38.6	40.1	50.1	33.4	43.81	0.60	12830	8.4
2002	16978	3590	8.6：51.1：40.3	45.4	51.4	31.0	48.87	0.68	17273	9.5
2003	20444	4313	7.4：52.5：40.1	48.2	52.7	28.3	53.92	1.09	21463	10.4
2004	24352	5041	7.0：53.6：39.4	52.4	54.0	26.0	57.18	0.99	25294	9.0
2005	27703	5706	6.6：53.4：40.1	54.0	56.0	24.7	60.44	1.22	43221	10.8
2006	31874	6606	5.9：54.0：40.1	57.7	56.5	22.6	69.6	1.42	52980	13.7
2007	37411	7745	5.3：54.0：40.7	76.2	57.2	19.2	72.1	1.52	68980	15.5
2008	42214	8999	5.1：53.9：41.0	73.9	57.6	—	73.5	1.60	89965	16.5
2009	43842	9346	5.1：51.8：43.1	74.6	57.90	18.32	74.8	1.73	108563	17.9
2010	51711	10285	4.9：51.6：43.5	75.4	61.62	16	—	1.82	120782	19.60

续表 A.1 浙江省工业化原始数据（2000~2010 年）

年份 指标	每万人拥有城镇单位专业技术人员数（人）	每十万人口普通高校在校生数（人）	总资产贡献率（%）	工业成本费用利润率（%）	工业用地产出效率（万元/公顷）	单位GDP能耗（吨标准煤/万元）	废旧资源循环利用率（‰）	工业"三废"处理率（%）	工业废水排放达标率（%）	工业废气处理率（%）	工业固体废物处理率（%）
2000	236.7	494	23.3	6.10	85.8	1.068	—	84.4	84.8	73.3	99.8
2001	240.8	678	25.9	6.60	85.9	1.051	—	90.2	96.5	73.3	99.8
2002	245.9	903	28.5	7.00	91.6	1.035	—	90.1	96.3	73.3	99.8

·153·

续表

指标 年份	每万人拥有城镇单位专业技术人员数（人）	每十万人口普通高校在校生数（人）	总资产贡献率（%）	工业成本费用利润率（%）	工业用地产出效率（万元/公顷）	单位GDP能耗（吨标准煤/万元）	废旧资源循环利用率（‰）	工业"三废"处理率（%）	工业废水排放达标率（%）	工业废气处理率（%）	工业固体废物处理率（%）
2003	251.7	1107	12.4	6.52	94.2	0.981	1.04	90.6	97.2	73.3	99.8
2004	263.6	1300	13.3	6.00	107.6	0.929	4.84	92.5	95.9	81.8	99.8
2005	294.8	1471	11.0	5.04	116.5	0.895	5.08	91.7	96.6	78.1	99.8
2006	305.4	1614	11.1	5.07	134.0	0.864	6.51	87.3	86.4	80.4	99.8
2007	313.9	1737	11.5	5.32	153.8	0.828	4.34	87.7	86.1	84.1	97.2
2008	—	1841	10.0	4.17	—	0.79					
2009	395.2	2303	10.58	5.62	128.74	0.741	6.12	93.51	95.28	87.51	98.07
2010	428.5	2285	12.21	6.71	174.99	0.717	22.63	94.00	96.21	87.83	98.37

注：①2000~2010年度的人民币直接汇率分别为8.28、8.28、8.28、8.28、8.28、8.19、7.97、7.60、6.95、6.83、6.77，2000~2010年度的PPP平价折算比率分别为3.29、3.27、3.31、3.32、3.41、3.45、3.46、3.54、3.98、3.84、4.00（根据世界银行发布的年度PPP_GDP数据推算；由于2007年底世界银行调低了2005年与2006年度的中国PPP_GDP数据，2000~2004年的PPP平价折算比率按2005年度数据修正；世界银行原发布的2000~2006年度PPP平价折算比率分别为1.83、1.82、1.84、1.85、1.90、1.92、2.10）。②2001~2003年的城市化率根据2000年数据与2004年的数据估计。③2000~2002年的工业废气处理率和工业固体废物处理率无相应数据，采用2003年的数据替代。④工业用地产出效率指标与表A.1略有不同，本表中的工业用地为纯粹的工业用地面积（扣除了表A.1中的居民点用地）。⑤R&D经费投入数据来源于各年度《全国科技经费投入统计公报》。⑥表中"每万人拥有城镇单位专业技术人员数"与表A.2略有出入，这是因为本表中的总人口数采用各年度《浙江统计年鉴》中的公安年报数，而表A.1中的总人口数采用各年度《中国统计年鉴》中关于浙江省的总人口数。两者之间存在一定差距。⑦表中的"每十万人口普通高校在校生人数"与表A.2略有出入。解释同6。⑧表中所涉及的一些指标的计算公式见式（A.1）~（A.10）：

$$制造业增加值占比 = \left(\frac{制造业增加值}{第一产业增加值 + 第二产业增加值} \right) \times 100\% \quad (A.1)$$

$$每万人拥有城镇单位专业技术人员数 = \frac{城镇单位专业技术人员数（人）}{地区总人口（万人）} \quad (A.2)$$

$$工业用地产出效率（万元/公顷） = \frac{工业增加值}{居民点与工矿用地} \quad (A.3)$$

$$废旧资源循环利用率 = \frac{三废综合利用产品产值}{工业总产值} \times 100\% \quad (A.4)$$

$$工业废水排放达标率 = \frac{工业废水排放达标量}{工业废水排放总量} \times 100\% \quad (A.5)$$

$$工业废气处理率 = \frac{1}{3} \times \left[\frac{工业二氧化硫去除量}{工业二氧化硫排放量 + 工业二氧化硫去除量} + \frac{工业烟尘去除量}{工业烟尘排放量 + 工业烟尘去除量} + \frac{工业粉尘去除量}{工业粉尘排放量 + 工业粉尘去除量} \right] \times 100\% \quad (A.6)$$

$$工业固体废物处理率 = \left(\frac{工业固体废物产生量 - 工业固体废物储存量 - 工业固体排放量}{工业固体废物产生量} \right) \times 100\% \quad (A.7)$$

$$工业"三废"处理率 = \left[\begin{array}{l} 工业废水排放达标率 \times 0.5 \\ + 工业废气处理率 \times 0.3 \\ + 工业固体废物处理率 \times 0.2 \end{array} \right] \times 100\% \quad (A.8)$$

$$总资产贡献率 = \left(\frac{利税总额 + 利息净支出}{资产合计} \right) \times 100\% \quad (A.9)$$

$$工业成本费用利润率 = \left(\frac{利润总额}{主营业务成本 + 营业费用 + 管理费用 + 财务费用} \right) \times 100\% \quad (A.10)$$

表 A.2　中国各省份工业化原始数据（2010 年）

指标\地区	人均GDP（元/人）	汇率—平价法的人均GDP（2010年美元/人）	三次产业产值结构（%）	制造业增加值占总商品部门比重（%）	人口城市化率（%）	一产就业人口比（%）	信息化水平指数（2009）	R&D经费占GDP比重（%）	专利申请受理数（件）	新产品产值率（%）
全 国	29992	5965	10.1：46.8：43.1	55.8	46.59	36.70	66.6	1.7	35788	10.54
北 京	75943	15105	0.9：24：75.1	62.6	85.00	4.94	91.1	5.5	57296	24.17
天 津	72994	14519	1.6：52.5：46	66.4	78.01	14.57	75.6	2.37	25973	25.51
河 北	28668	5702	12.6：52.5：34.9	59.6	43.00	38.77	63.4	0.78	12295	6.38
山 西	26283	5228	6.0：56.9：37.1	44.5	45.99	38.33	65.5	1.1	7927	6.55
内蒙古	47347	9417	9.4：54.6：36.1	46.7	53.40	48.20	63	0.53	2912	7.28
辽 宁	42355	8424	8.8：54.1：37.1	63.7	60.35	31.29	69.2	1.53	34216	11.58
吉 林	31599	6285	12.1：52：35.9	55.6	53.32	42.03	63	1.12	6445	18.67
黑龙江	27076	5385	12.6：50.2：37.2	28.4	55.50	44.44	63.6	1.27	10269	8.65
上 海	76074	15131	0.7：42.1：57.3	84.7	88.60	3.93	85.2	2.81	71196	24.86
江 苏	52840	10510	6.1：52.5：41.4	74.5	55.60	18.67	72.2	2.04	235873	17.66
浙 江	51711	10285	4.9：51.6：43.5	75.4	57.90	15.89	74.8	1.73	120742	23.19
安 徽	20888	4155	14.0：52.1：33.9	54.4	42.10	39.99	60.2	1.35	47128	17.61
福 建	40025	7961	9.3：51：39.7	65.2	51.40	29.18	70.7	1.11	21994	16.49
江 西	21253	4227	12.8：54.2：33	59.5	43.18	37.60	60.6	0.99	6307	12.56
山 东	41106	8176	9.2：54.2：36.6	64.3	48.32	35.45	65.7	1.53	80856	18.31
河 南	24446	4862	14.1：57.3：28.6	51.7	37.70	44.88	60.1	0.9	25149	8.12
湖 北	27906	5551	13.4：48.6：37.9	56.8	46.00	29.54	63.8	1.65	31311	16.76
湖 南	24719	4917	14.5：45.8：39.7	57.3	43.20	46.71	61.8	1.18	22381	27.80
广 东	44736	8898	5.0：50：45	75.1	63.40	25.68	73.6	1.65	152907	20.21
广 西	20219	4022	17.5：47.1：35.4	54.7	39.20	53.34	60.6	0.61	5117	16.39
海 南	23831	4740	26.1：27.7：46.2	28.5	49.13	49.82	62.2	0.35	1019	9.03
重 庆	27596	5489	8.6：55：36.4	64.4	51.59	33.09	64.5	1.22	22825	43.79
四 川	21182	4213	14.4：50.5：35.1	53.0	38.70	42.86	61.3	1.52	40230	11.41
贵 州	13119	2609	13.6：39.1：47.3	43.4	29.89	49.63	58.1	0.68	4414	11.49
云 南	15752	3133	15.3：44.6：40	48.8	34.00	59.40	57.7	0.6	5645	4.99
西 藏	17319	3445	13.5：32.3：54.2	10.0	23.80	53.13	53.6	0.33	162	0.00
陕 西	27133	5397	9.8：53.8：36.4	39.6	43.50	43.85	67.4	2.32	22949	11.33
甘 肃	16113	3205	14.5：48.2：37.3	44.7	32.65	51.09	59.7	1.1	3558	9.06
青 海	24115	4797	10.0：55.1：34.9	35.6	41.90	41.95	59.6	0.7	602	1.37

续表

指标\地区	人均GDP（元/人）	汇率—平价法的人均GDP（2010年美元/人）	三次产业产值结构（%）	制造业增加值占总商品部门比重（%）	人口城市化率（%）	一产就业人口比（%）	信息化水平指数（2009）	R&D经费占GDP比重（%）	专利申请受理数（件）	新产品产值率（%）
宁夏	26860	5342	9.4∶49∶41.6	38.7	46.10	39.36	62.1	0.77	739	7.05
新疆	25034	4979	19.8∶47.7∶32.5	14.7	39.85	51.15	62	0.51	3560	6.31

续表 A.2　中国各省市工业化原始数据（2010 年）

指标\地区	每万人拥有城镇单位专业技术人员数（人）	每十万人口高校在校生数（人）	总资产贡献率（%）	工业成本费用利润率（%）	工业用地产出效率（万元/公顷）	单位GDP能耗（吨标准煤/万元）	废旧资源循环利用率（‰）	工业"三废"处理率（%）	工业废水排放达标率（%）	工业废气处理率（%）	工业固体废物处理率（%）
全　国	23.7	2189	15.68	8.31	69.7	1.291	2.55	91.4	95.3	86.0	89.9
北　京	128.8	6196	7.64	7.38	121.5	0.582	0.25	95.4	98.8	88.8	96.8
天　津	56.1	4412	17.30	9.82	172.3	0.826	1.15	—	100.0	86.9	—
河　北	11.8	1951	14.75	7.43	69.3	1.583	3.44	93.8	98.6	85.4	94.2
山　西	18.2	2132	11.20	8.19	67.7	2.235	3.42	91.2	94.7	83.5	94.0
内蒙古	12.7	1884	18.22	14.96	51.4	1.915	2.03	87.6	90.2	83.2	87.3
辽　宁	27.3	2671	14.84	7.15	86.1	1.380	0.91	88.9	92.6	85.2	85.3
吉　林	20.5	2716	16.30	7.27	53.5	1.145	2.99	—	89.0	79.0	—
黑龙江	18.9	2447	22.05	15.21	44.8	1.156	3.39	84.6	92.7	71.2	84.5
上　海	74.1	4300	13.85	7.75	313.5	0.712	0.57	95.0	98.0	86.6	100.0
江　苏	47.0	2819	15.10	7.09	135.1	0.734	2.38	—	98.1	87.6	—
浙　江	43.9	2285	12.21	6.71	175.0	0.717	5.57	94.1	96.2	87.8	98.4
安　徽	14.7	1841	16.22	8.63	48.2	0.969	3.03	94.7	98.0	89.6	94.3
福　建	23.2	2144	17.21	8.83	148.5	0.783	1.71	93.8	98.7	82.4	98.5
江　西	11.6	2162	18.70	7.06	75.9	0.845	4.27	93.0	94.2	90.4	93.9
山　东	24.3	2202	19.45	7.93	101.5	1.025	2.23	95.4	98.4	88.8	97.6
河　南	14.0	1839	22.43	10.18	70.2	1.115	2.13	92.3	97.4	83.2	93.3
湖　北	23.0	2906	15.38	8.42	77.0	1.183	3.81	94.0	96.8	87.9	96.4
湖　南	14.3	2051	23.18	8.70	67.5	1.170	4.74	89.0	93.7	83.0	86.4
广　东	36.8	2037	15.63	8.05	158.0	0.664	0.73	91.4	93.1	85.2	96.5
广　西	9.8	1530	16.76	8.84	63.5	1.036	5.29	91.1	96.9	80.2	92.8

续表

指标\n\n地区	每万人拥有城镇单位专业技术人员数(人)	每十万人口高校在校生数(人)	总资产贡献率(%)	工业成本费用利润率(%)	工业用地产出效率(万元/公顷)	单位GDP能耗(吨标准煤/万元)	废旧资源循环利用率(‰)	工业"三废"处理率(%)	工业废水排放达标率(%)	工业废气处理率(%)	工业固体废物处理率(%)
海 南	7.5	2036	18.28	12.57	25.6	0.808	2.29	92.1	97.8	87.5	84.4
重 庆	18.5	2413	13.57	6.13	89.1	1.127	3.19	89.6	94.7	84.0	85.1
四 川	15.6	1790	14.43	7.83	63.5	1.275	1.98	90.1	96.5	80.6	88.2
贵 州	5.8	1109	12.84	9.04	39.4	2.248	4.26	82.0	77.3	90.4	81.3
云 南	8.0	1391	16.28	10.79	51.3	1.438	10.13	89.1	91.8	90.7	80.0
西 藏	6.4	1373	5.40	18.53	39.1	1.276	0.38	19.9	29.5	17.9	−1.1
陕 西	25.1	3208	17.11	16.14	76.7	1.129	2.62	91.0	97.5	84.3	84.9
甘 肃	11.5	1882	10.24	5.02	22.5	1.801	4.59	83.2	83.3	90.2	72.7
青 海	13.3	1119	11.57	13.34	30.1	2.550	3.72	58.6	59.9	67.5	41.8
宁 夏	17.0	1868	8.87	7.79	44.4	3.308	5.24	80.8	78.7	86.7	77.1
新 疆	9.3	1467	18.21	19.28	26.1	1.291	4.16	59.6	57.3	67.6	53.1

注：①2010 年的人民币兑换美元的汇率中间价为 6.77，2010 年 PPP 折算比率为 4.00（根据世界银行数据推算，原始数据网址：http: //siteresources.worldbank.org/DATASTATISTICS/ Resources/ GDP_PPP.pdf）。②制造业增加值占总商品部门比重采用现有数据进行估算，估算公式见（A.1）。其中，第一产业增加值和第二产业增加值数据来源于《中国统计年鉴》(2011)；制造业增加值的计算方式为：工业增加值分别减去煤炭开采和洗选业、石油和天然气开采业、黑色金属矿采选业、有色金属矿采选业、非金属矿采选业、电力和热力生产和供应业增加值；相关行业增加值数据参见《中国工业经济统计年鉴》(2011)。③西藏的工业二氧化硫去除量、工业粉尘去除量、新产品产值率无相应数据，故仅该省的工业废气处理率和新产品产值率取全国平均水平；天津、吉林、江苏的工业固体废物处理率相关数据不可得，取全国平均水平。④信息化水平指数来源于《"十一五"时期中国信息化发展指数（IDI）研究报告——中国信息化发展水平的监测与评估》课题组（2010）。⑤西藏的 GDP 能耗数据不可得，取全国平均水平。⑥"R&D 经费占 GDP 比重"数据来自《2011 年全国科技经费投入统计公报》。

资料来源：《中国统计年鉴》(2011)、《中国工业经济统计年鉴》(2011) 等。

表 A.3　浙江省各地区工业化原始数据（2010 年）

指标　　地区	人均GDP（元/人）	汇率—平价法的人均GDP（2010年美元/人）	三次产业产值结构（%）	制造业增加值占总商品部门比重（%）	人口城市化率（%）	一产就业人口比（%）	信息化水平指数	R&D经费支出占GDP比重（%）	专利申请受理数（件）	新产品产值率（%）（2009）
全省	51711	10285	4.9 : 51.6 : 43.5	76.2	61.6	16.0	82.7	1.8	120782	17.9
环杭州湾地区	75626	15042	5.0 : 53 : 42	76.8	64.0	11.9	86.0	2.0	85509	22.22
杭州	86691	17243	3.5 : 47.8 : 48.7	77.8	73.3	12.1	98.6	2.7	29745	17.11
宁波	90175	17936	4.2 : 55.6 : 40.2	78.5	68.3	6.8	92.3	1.5	26399	15.42
嘉兴	67534	13433	5.5 : 58.5 : 36.0	76.4	53.3	11.0	84.6	2.0	9271	26.65
湖州	50149	9975	8.0 : 54.9 : 37.1	74.3	52.9	19.3	80.4	1.5	7221	21.39
绍兴	63770	12684	5.3 : 56.9 : 37.8	77.4	58.6	15.1	81.3	1.9	12294	25.48
舟山	66581	13243	9.9 : 45.5 : 44.6	54.1	63.6	16.4	78.5	1.0	579	27.27
温台沿海地区	39064	7770	5.0 : 52 : 43	77.9	61.6	16.2	80.6	1.1	21847	15.48
温州	37359	7431	3.2 : 52.4 : 44.4	80.2	66.0	13.5	80.3	1.0	11411	10.14
台州	41777	8309	6.6 : 52.3 : 41.1	75.1	55.5	20.5	80.7	1.2	10436	20.82
金衢丽地区	36099	7180	7.0 : 52 : 41	70.7	52.4	30.2	70.5	0.7	13156	12.57
金华	45031	16616	5.1 : 51.8 : 43.1	75.7	59.0	20.8	78.9	1.4	10255	13.99
衢州	30153	5997	8.5 : 55.0 : 36.5	63.9	44.1	43.0	68.9	0.6	1333	14.35
丽水	24913	4955	9.8 : 50.0 : 40.2	61.5	48.4	42.0	63.8	0.4	1568	9.37

续表 A.3 浙江省各地区工业化原始数据（2010 年）

指标\地区	每万人拥有从事科技活动人员数（人）	每十万人口高校在校生数（人）	总资产贡献率（%）	主营业务成本费用利润率（%）	工业用地产出效率（万元/公顷）	单位 GDP 能耗（吨标准煤/万元）	废旧资源循环利用率（‰）	环境污染治理投资额占 GDP 比重（%）（2006）
全省	427.0	2013.0	12.3	7.1	174.99	0.79	5.57	1.11
环杭州湾地区	561.9	3036.7	12.6	7.2	—	0.80	—	1.15
杭州	785.9	6309.7	14.2	7.9	—	0.68	—	0.41
宁波	565.9	2452.9	13.6	7.1	—	0.78	—	0.64
嘉兴	426.8	1532.5	10.7	7.1	—	0.78	—	2.13
湖州	353.1	952.7	12.8	5.9	—	0.94	—	1.83
绍兴	455.9	1227.3	10.7	6.6	—	0.83	—	2.39
舟山	460.9	2307.2	7.6	8.3	—	0.81	—	1.28
温台沿海地区	308.9	761.3	11.3	6.3	—	0.56	—	1.01
温州	322.2	947.4	11.6	6.7	—	0.60	—	0.46
台州	291.0	510.2	10.9	5.9	—	0.51	—	1.71
金衢丽地区	261.3	1253.5	11.8	7.5	—	1.02	—	1.11
金华	302.4	1644.3	10.0	6.5	—	0.74	—	1.16
衢州	205.4	406.5	14.2	8.2	—	1.66	—	0.35
丽水	241.5	1370.5	16.1	9.8	—	0.66	—	1.74

注：①2010 年度的汇率和平价折算比率分别为 6.77 和 4.00。②由于各市制造业增加值占总商品部门比重数据不可得，因此相关数据根据工业增加值占比数据乘以换算系数估算。③人口城镇化率数据来源于浙江省统计局发布的《浙江省人口变动抽样调查主要数据公报》。④鉴于数据可得性，表中"每万人拥有从事科技活动人员数"不同于表 A.1 和表 A.2 中的"每万人拥有国有企事业单位专业人员数"，两者的统计口径相差很大。⑤表中"每十万人口高校在校生数"与表 A.1 和表 A.2 中的统计口径均略有出入。⑥表中信息化水平指数数据来源于浙江省经信委和浙江省统计局的联合发文。⑦表中新产品产值率由大中型工业企业新产品产值率替代。⑧表中的"总资产贡献率"的统计口径与表 A.1 和表 A.2 略有不同。在本表中，总资产贡献率 $= \dfrac{\text{利税总额}}{\text{流动资产年平均余额} + \text{固定资产年平均余额}} \times 100\%$。⑨限于数据可得性，表中的"主营业务成本费用利润率"的统计口径与表 A.1 和表 A.2 中的"工业成本费用利润率"有较大的不同，它是"工业成本费用利润率"的替代性指标。在本表中，主营业务成本费用利润率 $= \dfrac{\text{利税总额}}{\text{主营业务收入} - \text{利税余额}} \times 100\%$。

资料来源：《浙江统计年鉴》（2011）、各地市《统计年鉴》、《统计公报》以及省级相关部门文件等。

附录 B 工业化发展阶段评价指标的指数化结果

表 B.1 浙江省工业化发展阶段评价指标指数（2000~2010 年）

年份 \ 指标	人均 GDP	三次产业产值结构	制造业增加值占总商品部门比重	人口城市化率	一产就业人口比	信息化水平指数	R&D 经费占 GDP 比重	专利申请受理数	新产品产值率
2000	37.1	60.0	35.4	38.70	65.1	—	21.6	17.5	26.0
2001	40.4	80.0	40.4	40.40	70.9	53.8	24.0	20.4	33.6
2002	43.4	80.0	61.6	45.60	77.3	58.9	27.2	22.3	38.0
2003	48.1	80.0	72.8	50.80	81.7	63.9	43.6	24.1	41.1
2004	52.8	80.0	84.8	56.00	84.0	67.2	39.6	25.7	36.0
2005	57.2	80.0	88.0	64.00	85.3	70.4	48.8	33.3	42.1
2006	61.7	80.0	95.5	66.00	87.4	—	56.8	37.5	49.9
2007	65.3	80.0	100.0	68.80	90.8	—	60.0	43.4	54.7
2008	68.7	80.0	100.0	70.40	—	—	64.0	50.5	57.3
2009	67.8	80	100	71.60	91.7	83.2	69.2	56.8	60.1
2010	70.9	80	100	82.16	94.0	—	72.8	60.5	60.3

续表 B.1 浙江省工业化发展阶段评价指标指数（2000~2010 年）

年份 \ 指标	每万人拥有城镇单位专业技术人员数	每十万人口普通高校在校生数	总资产贡献率	工业成本费用利润率	工业用地产出效率	单位 GDP 能耗	废旧资源循环利用率	工业"三废"处理率
2000	23.7	9.9	62.1	24.4	54.8	65.2	21.1	33.0
2001	24.1	13.6	69.1	26.4	54.9	66.2	21.1	41.1
2002	24.6	18.1	76.0	28.0	56.9	67.2	21.1	40.6
2003	25.2	22.1	34.8	26.1	57.9	70.9	21.1	43.4
2004	26.4	26.0	36.6	24.0	63.0	74.9	29.1	54.3
2005	29.5	29.4	32.0	20.2	66.6	77.8	29.6	49.7
2006	30.5	32.3	32.2	20.3	73.6	80.3	32.7	36.6

续表

年份 \ 指标	每万人拥有城镇单位专业技术人员数	每十万人口普通高校在校生数	总资产贡献率	工业成本费用利润率	工业用地产出效率	单位GDP能耗	废旧资源循环利用率	工业"三废"处理率
2007	31.4	34.7	33.0	21.3	80.5	82.0	28.1	37.1
2008	—	36.8	30.0	23.3	80.5	84.1	28.1	37.1
2009	39.5	46.1	31.2	57.5	71.5	87.0	31.8	60.0
2010	45.7	45.7	34.4	53.2	83.3	88.5	30.7	63.6

表 B.2　全国各省份工业化发展阶段评价指标指数（2010年）

地区 \ 指标	人均GDP	三次产业产值结构	制造业增加值占总商品部门比重	人口城市化率	一产就业人口比	信息化进程（2009）	R&D经费支出占GDP比重	专利申请受理数	新产品产值率
全　国	54.2	60.0	91.6	36.6	62.1	76.6	68.0	30.2	41.4
北　京	85.2	100.0	100.0	100.0	100.0	94.1	100.0	39.3	77.8
天　津	83.7	80.0	100.0	100.0	95.4	83.7	87.4	26.0	80.5
河　北	52.7	60.0	99.2	33.0	56.6	73.4	35.2	20.2	22.8
山　西	50.0	80.0	58.2	36.0	57.8	75.5	44.0	13.4	23.1
内蒙古	68.0	80.0	67.0	53.6	35.7	73.0	25.2	4.9	24.6
辽　宁	64.8	80.0	100.0	80.5	76.6	79.2	61.2	29.5	44.2
吉　林	56.1	60.0	91.2	53.3	47.9	73.0	44.8	10.9	63.1
黑龙江	50.9	60.0	28.4	62.0	41.5	73.6	50.8	17.4	27.3
上　海	85.3	100.0	100.0	100.0	100.0	90.1	96.2	44.1	79.6
江　苏	71.6	80.0	100.0	62.4	91.3	81.5	80.8	80.0	60.4
浙　江	70.9	80.0	100.0	71.6	94.1	83.2	69.2	60.5	75.2
安　徽	43.8	60.0	88.8	32.1	53.3	70.2	54.0	35.0	60.3
福　建	63.3	80.0	100.0	45.6	80.8	80.5	44.4	24.3	57.3
江　西	44.3	60.0	99.1	33.2	59.7	70.6	43.6	10.7	46.8
山　东	64.0	80.0	100.0	38.3	65.5	75.7	61.2	47.4	62.2
河　南	47.9	60.0	83.3	27.7	40.3	70.1	40.0	25.7	26.2
湖　北	51.9	60.0	93.5	36.0	80.5	73.8	66.0	28.3	58.0
湖　南	48.2	60.0	94.6	33.2	37.7	71.8	47.2	24.5	82.8
广　东	66.3	80.0	100.0	84.5	84.3	82.4	66.0	65.9	67.0
广　西	43.1	40.0	89.5	29.2	28.9	70.6	28.4	8.7	57.0
海　南	47.2	20.0	28.5	39.1	33.6	72.2	14.0	1.7	28.1
重　庆	51.5	80.0	100.0	46.4	71.8	74.5	48.8	24.7	98.8
四　川	44.2	60.0	86.1	28.7	45.7	71.3	60.8	32.1	43.8

续表

地区 \ 指标	人均 GDP	三次产业产值结构	制造业增加值总占商品部门比重	人口城市化率	一产就业人口比	信息化进程(2009)	R&D 经费支出占GDP 比重	专利申请受理数	新产品产值率
贵 州	29.9	20.0	53.6	19.9	33.8	68.1	31.2	7.5	44.0
云 南	36.0	40.0	75.2	24.0	20.8	67.7	28.0	9.6	20.0
西 藏	39.5	20.0	10.0	15.9	29.2	63.6	13.2	0.3	0.0
陕 西	51.0	80.0	39.6	33.5	43.1	77.4	86.4	24.7	43.5
甘 肃	36.8	60.0	58.8	22.7	31.9	69.7	44.0	6.0	28.1
青 海	47.5	60.0	35.6	31.9	48.1	69.6	32.0	1.0	5.5
宁 夏	50.7	80.0	38.7	36.1	55.0	72.1	34.8	1.3	24.1
新 疆	48.6	40.0	14.7	29.9	31.8	72.0	24.4	6.0	22.6

续表 B.2 全国各省份工业化发展阶段评价指标指数（2010 年）

地区 \ 指标	每万人拥有城镇单位专业技术人员数	每十万人口高校在校生数	总资产贡献率	工业成本费用利润率	工业用地产出效率	单位 GDP 能耗	废旧资源循环利用率	工业"三废"处理率
全 国	23.7	43.8	41.8	33.2	49.0	53.9	24.3	48.1
北 京	100.0	100.0	25.3	29.5	68.6	99.8	10.0	70.8
天 津	56.1	84.1	46.1	39.3	83.0	82.1	21.4	34.9
河 北	11.8	39.0	39.5	29.7	48.8	44.0	26.2	61.5
山 西	18.2	42.6	32.4	32.8	48.3	22.3	26.1	46.8
内蒙古	12.7	37.7	48.6	59.8	42.3	32.7	23.2	36.9
辽 宁	27.3	53.4	39.7	28.6	54.9	50.4	20.9	38.6
吉 林	20.5	54.3	43.5	29.1	43.1	60.9	25.2	34.9
黑龙江	18.9	48.9	58.8	60.8	39.9	60.2	26.1	33.3
上 海	74.1	83.0	37.7	31.0	100.0	88.9	20.1	68.4
江 苏	47.0	56.4	40.3	28.4	74.0	87.4	24.0	34.9
浙 江	43.9	45.7	34.4	26.8	83.3	88.5	30.7	63.6
安 徽	14.7	36.8	43.3	34.5	41.2	71.8	25.3	67.0
福 建	23.2	42.9	45.9	35.3	79.4	84.2	22.6	61.4
江 西	11.6	43.2	49.9	28.2	51.3	81.2	27.9	57.2
山 东	24.3	44.0	51.9	31.7	60.6	67.9	23.6	70.7
河 南	14.0	36.8	59.8	40.7	49.2	62.4	23.4	53.1
湖 北	23.0	58.1	41.0	33.7	51.6	58.8	27.0	63.0
湖 南	14.3	41.0	61.8	34.8	48.2	59.5	28.9	38.8

续表

指标 地区	每万人拥有城镇单位专业技术人员数	每十万人口高校在校生数	总资产贡献率	工业成本费用利润率	工业用地产出效率	单位 GDP 能耗	废旧资源循环利用率	工业"三废"处理率
广　东	36.8	40.7	41.7	32.2	81.1	92.4	20.5	48.1
广　西	9.8	30.6	44.7	35.4	46.7	67.2	30.1	46.2
海　南	7.5	40.7	48.7	50.3	27.1	83.1	23.8	51.8
重　庆	18.5	48.3	37.1	24.5	56.0	61.8	25.7	39.5
四　川	15.6	35.8	38.9	31.3	46.7	54.6	23.1	40.5
贵　州	5.8	22.2	35.7	36.2	36.3	21.9	27.9	30.0
云　南	8.0	27.8	43.4	43.2	42.3	48.4	40.3	38.9
西　藏	6.4	27.5	20.8	74.1	36.0	54.5	15.3	5.4
陕　西	25.1	64.2	45.6	64.6	51.5	61.6	24.5	45.8
甘　肃	11.5	37.6	30.5	20.1	25.0	37.3	28.6	31.6
青　海	13.3	22.4	33.1	53.4	30.1	18.2	26.8	15.8
宁　夏	17.0	37.4	27.7	31.2	39.6	14.0	30.0	28.5
新　疆	9.3	29.3	48.6	77.1	27.4	28.7	27.7	16.1

表 B.3　浙江省各地区工业化发展阶段评价指标指数（2010 年）

指标 地区	人均 GDP	三次产业产值结构	制造业增加值占总商品部门比重	人口城市化率	一产就业人口比	信息化进程（2010）	R&D 经费占 GDP 比重	专利申请受理数	新产品产值率
全省	70.9	60.0	100.0	82.2	94.0	88.5	72.8	60.5	60.1
环杭州湾地区	85.1	80.0	100.0	85.3	98.1	90.6	79.9	49.0	60.6
杭州	90.7	100.0	100.0	97.7	97.9	99.1	94.0	27.6	40.9
宁波	92.5	80.0	100.0	91.1	100.0	94.9	59.2	26.2	40.7
嘉兴	81.0	80.0	100.0	53.3	99.0	89.7	80.8	15.7	80.1
湖州	69.9	80.0	100.0	51.6	90.7	86.9	60.4	12.2	60.5
绍兴	78.8	80.0	100.0	74.3	94.9	87.5	75.6	20.2	80.0
舟山	80.5	80.0	94.7	84.8	93.6	85.7	42.4	1.0	80.1
温台沿海地区	62.6	80.0	100.0	82.1	93.8	87.1	45.2	24.3	40.7
温州	61.5	80.0	100.0	88.0	96.5	87.0	41.6	19.4	40.0
台州	64.4	80.0	100.0	62.2	89.5	87.1	49.6	17.7	60.4
金衢丽地区	60.7	80.0	100.0	49.5	79.4	79.5	33.0	20.6	40.3

续表

指标 地区	人均GDP	三次产业产值结构	制造业增加值占总商品部门比重	人口城市化率	一产就业人口比	信息化进程(2010)	R&D经费占GDP比重	专利申请受理数	新产品产值率
金华	66.5	80.0	100.0	76.1	89.2	85.9	54.8	17.4	40.5
衢州	54.4	80.0	100.0	34.1	45.3	78.9	28.4	2.3	40.6
丽水	48.4	80.0	100.0	38.4	48.1	73.8	14.0	2.7	37.5
11个地市均值	73.7	81.8	99.5	68.3	85.9	87.0	54.6	14.8	54.7
11个地市标准差	15.0	6.0	1.6	21.8	19.7	6.8	23.3	9.3	18.2
11个地市变异系数	0.2	0.1	0.0	0.3	0.2	0.1	0.4	0.6	0.3

续表 B.3 浙江省各地区工业化发展阶段评价指标指数（2010 年）

指标 地区	每万人拥有从事科技活动人员数	每十万人口高校在校生数	总资产贡献率	主营业务成本费用利润率	工业用地产出效率	单位GDP能耗	废旧资源循环利用率	环境污染治理投资额占GDP比重
全省	45.4	40.3	34.6	28.4	83.3	83.9	30.7	37.1
环杭州湾地区	72.4	60.7	35.1	28.8	—	83.3	—	37.8
杭州	98.6	100.0	38.5	31.8	—	91.2	—	22.6
宁波	73.2	49.1	37.2	28.5	—	84.6	—	28.2
嘉兴	45.4	30.7	31.5	28.4	—	84.6	—	51.6
湖州	35.3	19.1	35.6	23.6	—	74.0	—	47.5
绍兴	51.2	24.5	31.4	26.6	—	81.9	—	54.5
舟山	52.2	46.1	25.3	33.0	—	83.0	—	39.7
温台沿海地区	30.9	15.2	32.7	25.4	—	100.0	—	35.2
温州	32.2	18.9	33.3	26.8	—	98.0	—	23.7
台州	29.1	10.2	31.8	23.7	—	100.0	—	46.0
金衢丽地区	26.1	25.1	33.6	29.9	—	68.2	—	37.1
金华	30.2	32.9	30.0	25.9	—	87.0	—	37.8
衢州	20.5	8.1	38.4	32.8	—	41.9	—	20.8
丽水	24.1	27.4	42.8	39.4	—	92.7	—	46.4
11个地市均值	44.7	33.4	34.2	29.1	—	83.5	—	38.1
11个地市标准差	23.5	25.6	4.9	4.7	—	15.7	—	12.3

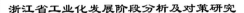

续表

指标\地区	每万人拥有从事科技活动人员数	每十万人口高校在校生数	总资产贡献率	主营业务成本费用利润率	工业用地产出效率	单位GDP能耗	废旧资源循环利用率	环境污染治理投资额占GDP比重
11个地市变异系数	0.5	0.8	0.1	0.2	—	0.2	—	0.32

注：①由于"每万人拥有专业人员数"的统计口径不同，本表根据2007年浙江全省该项指标指数值按比例调整。②关于"专利申请受理数"指数的处理过程为：将全省的"专利申请受理数"按全省各地级及以上城市的平均数计。同样，环杭州湾地区、温台沿海地区和金衢丽地区三个区域也按各区域内各市平均数计，再根据2007年浙江全省该项指标指数值按比例换算。③由于"工业三废处理率"相关数据不可得，表中采用"环境污染治理投资额占GDP比重"指标进行替代，替代后的指标指数值仍根据2010年浙江全省"工业三废处理率"指数值按比例调整。

附录C 工业化发展阶段评价 指标的层次分析结果

表 C.1 工业化发展阶段评价指标的权重分配结果

标度类型：e^ (0/5) ~e^ (8/5)

备选方案	权重
人均 GDP	0.1042
一产就业人口比	0.0571
人口城市化率	0.0698
三次产业产值结构	0.0853
制造业增加值占总商品部门增加值的比重	0.0853
信息化水平指数	0.0942
R&D 经费占 GDP 的比重	0.0408
专利申请受理数	0.0532
新产品产值率	0.0466
每万人拥有城镇单位专业技术人员数	0.0471
每十万人口高校在校生人数	0.0471
总资产贡献率	0.0540
工业成本费用利润率	0.0540
单位 GDP 能耗	0.0489
工业用地产出率	0.0362
废旧资源循环利用率	0.0362
工业"三废"处理率	0.0400

表 C.2 工业化发展阶段评价体系准则层权重分配结果

判断矩阵一致性比例：0.0000；对总目标的权重：1.0000

工业化发展阶段评价体系准则层	水平因素	动力因素	质量因素	Wi
水平因素	1.0000	1.2214	1.4918	0.4018
动力因素	0.8187	1.0000	1.2214	0.3289
质量因素	0.6703	0.8187	1.0000	0.2693

表 C.3 水平因素准则层内各指标权重分配结果

判断矩阵一致性比例：0.0000；对总目标的权重：0.4018

水平因素	人均 GDP	一产就业人口比	人口城市化率	三次产业产值结构	制造业增加值占总商品部门比重	Wi
人均 GDP	1.0000	1.8221	1.4918	1.2214	1.2214	0.2593
一产就业人口比	0.5488	1.0000	0.8187	0.6703	0.6703	0.1423
人口城市化率	0.6703	1.2214	1.0000	0.8187	0.8187	0.1738
三次产业产值结构	0.8187	1.4918	1.2214	1.0000	1.0000	0.2123
制造业增加值占总商品部门比重	0.8187	1.4918	1.2214	1.0000	1.0000	0.2123

表 C.4 动力因素准则层内各要素权重分配结果

判断矩阵一致性比例：0.0000；对总目标的权重：0.3289

动力因素	信息化进程	科技进步	人力资源	Wi
信息化进程	1.0000	0.6703	1.0000	0.2864
科技进步	1.4918	1.0000	1.4918	0.4272
人力资源	1.0000	0.6703	1.0000	0.2864

表 C.5 质量因素准则层内各要素权重分配结果

判断矩阵一致性比例：0.0000；对总目标的权重：0.2693

质量因素	工业经济效益	可持续发展能力	Wi
工业经济效益	1.0000	0.6703	0.4013
可持续发展能力	1.4918	1.0000	0.5987

表 C.6 信息化进程要素层内各指标权重分配结果

判断矩阵一致性比例：0.0000；对总目标的权重：0.0942

信息化进程	信息化水平指数	Wi
信息化水平指数	1.0000	1.0000

表 C.7 科技进步水平要素层内各指标权重分配结果

判断矩阵一致性比例：0.0000；对总目标的权重：0.1405

科技进步水平	R&D 经费占 GDP 的比重	专利受理数	新产品产值率	Wi
R&D 经费占 GDP 的比重	1.0000	0.8187	1.0000	0.3104
专利受理数	1.2214	1.0000	1.2214	0.3792
新产品产值率	1.0000	0.8187	1.0000	0.3104

表 C.8　人力资源状况要素层内各指标权重分配结果

判断矩阵一致性比例：0.0000；对总目标的权重：0.0942

人力资源状况	每万人拥有城镇单位专业技术人员数	每十万人口在校大学生人数	Wi
每万人口专业技术人员数	1.0000	1.0000	0.5000
每万人口在校大学生人数	1.0000	1.0000	0.5000

表 C.9　工业经济效益要素层内各指标权重分配结果

判断矩阵一致性比例：0.0000；对总目标的权重：0.1081

工业经济效益	总资产贡献率	成本费用利润率	Wi
总资产贡献率	1.0000	1.0000	0.5000
成本费用利润率	1.0000	1.0000	0.5000

表 C.10　可持续发展能力要素层内各指标权重分配结果

判断矩阵一致性比例：0.0075；对总目标的权重：0.1612

可持续发展能力	单位 GDP 能耗	工业用地产出率	废旧资源循环利用率	工业"三废"处理率	Wi
万元 GDP 能耗	1.0000	1.4918	1.4918	1.0000	0.3030
工业用地产出率	0.6703	1.0000	1.0000	1.0000	0.2245
废旧资源循环利用率	0.6703	˙1.0000	1.0000	1.0000	0.2245
工业"三废"处理率	1.0000	1.0000	1.0000	1.0000	0.2481

附录 D 工业化发展阶段评价指标因子分析与聚类分析结果

表 D.1 工业化发展阶段评价指标因子分析的总方差分解

解释总方差

公因子	初始特征值			提取平方载荷总和			旋转平方载荷总和		
	特征根	占总体百分比	累计百分比	特征根	占总体百分比	累计百分比	特征根	占总体百分比	累计百分比
1	9.563	56.252	56.252	9.410	55.353	55.353	6.270	36.883	36.883
2	2.199	12.935	69.187	2.001	11.769	67.122	3.199	18.819	55.702
3	1.485	8.735	77.922	1.212	7.130	74.252	2.491	14.654	70.356
4	0.996	5.860	83.782	0.749	4.408	78.660	1.412	8.304	78.660
5	0.713	4.194	87.976						
6	0.601	3.536	91.512						
7	0.527	3.098	94.610						
8	0.307	1.807	96.417						
9	0.203	1.192	97.609						
10	0.111	0.650	98.259						
11	0.086	0.508	98.767						
12	0.069	0.408	99.175						
13	0.052	0.304	99.478						
14	0.042	0.249	99.727						
15	0.026	0.153	99.880						
16	0.013	0.078	99.958						
17	0.007	0.042	100.000						

提取方法：普通最小二乘法。

表 D.2 工业化发展阶段评价指标因子分析的旋转因子矩阵

（旋转因子矩阵①）

	公因子			
	1	2	3	4
人均 GDP	0.778	0.536	0.080	0.041
非农产业增加值占比	0.580	0.539	0.214	−0.323
制造业增加值占总商品部门比重	0.256	0.648	0.711	0.135
人口城市化率	0.800	0.410	0.182	0.123
一产就业人口比	−0.706	−0.611	−0.265	0.082
信息化水平指数	0.845	0.439	0.204	0.021
研发经费占 GDP 的比重	0.885	0.181	0.219	−0.040
专利申请受理数	0.229	0.600	0.205	0.068
新产品产值率	0.352	0.385	0.381	0.197
每万人 R&D 人员数	0.915	0.285	0.154	−0.101
每十万人口高校在校生数	0.965	0.102	0.172	0.074
总资产贡献率	−0.192	−0.037	0.084	0.830
工业成本费用利润率	−0.064	−0.229	−0.880	0.160
工业用地产出效率	0.492	0.730	0.208	0.090
单位 GDP 能耗	−0.350	−0.380	−0.052	−0.552
废旧资源循环利用率	−0.475	−0.316	0.230	−0.031
工业三废处理率	0.229	0.055	0.788	0.418

提取方法：普通最小二乘法。

旋转方法：Kaiser 方差最大旋转法。

注：①经 8 次迭代旋转收敛。

表 D.3 工业化发展阶段评价指标聚类分析的聚类过程

Agglomeration Schedule

序号	合并		距离测度值	第 1 次序号		下阶段序号
	类 1	类 2		类 1	类 2	
1	21	30	473032.598	0	0	3
2	22	27	658522.659	0	0	5
3	21	29	950032.266	1	0	8
4	20	25	1.093E6	0	0	7
5	18	22	1.277E6	0	2	13
6	24	28	1.688E6	0	0	11
7	14	20	2.048E6	0	4	11
8	21	26	3.059E6	3	0	17

续表

序号	合并		距离测度值	第1次序号		下阶段序号
	类1	类2		类1	类2	
9	4	7	3.664E6	0	0	15
10	3	8	4.454E6	0	0	20
11	14	24	4.733E6	7	6	12
12	14	31	5.920E6	11	0	15
13	16	18	6.947E6	0	5	14
14	13	16	1.120E7	0	13	21
15	4	14	1.354E7	9	12	17
16	6	17	1.681E7	0	0	22
17	4	21	2.699E7	15	8	18
18	4	5	3.448E7	17	0	20
19	12	23	4.759E7	0	0	24
20	3	4	6.812E7	10	18	25
21	2	13	9.341E7	0	14	22
22	2	6	1.041E8	21	16	25
23	9	15	1.465E8	0	0	26
24	1	12	3.366E8	0	19	26
25	2	3	4.950E8	22	20	28
26	1	9	9.048E8	24	23	28
27	11	19	1.037E9	0	0	29
28	1	2	2.623E9	26	25	30
29	10	11	1.007E10	0	27	30
30	1	10	2.514E10	28	29	0

附录 E　全国与浙江省全要素生产率估计的相关数据

表 E.1　全国全要素生产率估计的原始数据（1995~2010 年）

年份	名义GDP（亿元）	价格定基指数	真实GDP（亿元，1995年不变价格）	真实GDP增长率（%）	名义固定资产投资额（亿元）	固定资产投资价格定基指数	资本存量（亿元，1995年不变价格）	资本存量增长率（%）	就业人口总量（万人）	就业人口增长率（%）
1995	60794	100.0	60794	—	—	100.0	193652	—	68065	—
1996	71177	108.3	65722	8.1	22914	104.0	197094	1.8	68950	1.3
1997	78973	111.3	70955	16.7	24941	105.8	201747	4.2	69820	2.6
1998	84402	110.4	76451	25.8	28406	105.6	209279	8.1	70637	3.8
1999	89677	108.9	82348	35.5	29855	105.1	217594	12.4	71394	4.9
2000	99215	109.3	90773	49.3	32918	106.3	227672	17.6	72085	5.9
2001	109655	110.1	99596	63.8	37214	106.7	240693	24.3	73025	7.3
2002	120333	109.2	110195	81.3	43500	106.9	258279	33.4	73740	8.3
2003	135823	110.5	122917	102.2	55567	109.3	284323	46.8	74432	9.4
2004	159878	114.8	139267	129.1	70477	115.4	318100	64.3	75200	10.5
2005	183868	116.9	157287	158.7	88774	117.2	363308	87.6	75825	11.4
2006	210871	118.7	177650	192.2	109998	119.0	420866	117.3	76400	12.2
2007	249530	124.4	200587	229.9	137324	123.6	491566	153.8	76990	13.1
2008	300670	131.7	228299	275.5	172291	134.6	572378	195.6	77480	13.8
2009	340903	130.8	260702	328.8	224599	131.4	821735	324.3	75828	11.4
2010	401202	135.1	297029	388.6	278122	136.1	1011268	422.2	76105	11.8

注：①固定资产折旧率为每年 9.6%。②1995 年的全国资本存量采用张军等（2004）的原始数据 15990 亿元（1990 年不变价格），并将其通过价格定基指数换算为 1995 年不变价格 193652.1 亿元（1990 年价格与 1995 年价格之间的价格换算指数为 1.834）。③价格定基指数与固定资产投资价格定基指数以 1995 年为 100，其余各年份均以 1995 年为基年。

表 E.2 浙江省全要素生产率估计的原始数据（1995~2010 年）

年份	名义GDP（亿元）	价格定基指数	真实GDP（亿元，1995年不变价格）	真实GDP增长率（%）	名义固定资产投资额（亿元）	固定资产投资价格定基指数	资本存量（亿元，1995年不变价格）	资本存量增长率（%）	就业人口总量（万人）	就业人口增长率（%）
1995	3558	100.0	3558	—	—	100.0	5159	—	2621	—
1996	4189	107.9	3882	9.1	1618	101.3	6261	21.4	2625	0.2
1997	4686	110.9	4225	18.8	1695	100.8	7341	42.3	2620	0.0
1998	5053	110.6	4569	28.4	1848	98.4	8515	65.0	2613	−0.3
1999	5444	109.3	4981	40.0	1886	96.6	9650	87.0	2625	0.2
2000	6141	110.4	5563	56.3	2267	96.9	11063	114.4	2726	4.0
2001	6898	110.1	6265	76.1	2777	97.3	12855	149.2	2797	6.7
2002	8004	109.1	7336	106.2	3596	97.7	15301	196.6	2859	9.1
2003	9705	111.2	8728	145.3	4994	101.1	18772	263.9	2919	11.4
2004	11649	115.6	10077	183.2	6060	107.1	22628	338.6	2992	14.2
2005	13438	117.1	11476	222.5	6696	107.4	26691	417.4	3101	18.3
2006	15743	118.3	13308	274.0	7594	109.0	31095	502.7	3172	21.0
2007	18780	123.3	15231	328.1	8420	113.7	35515	588.4	3405	29.9
2008	21487	129.2	16605	366.7	9300	124.3	39588	667.4	3479	32.7
2009	22990	127.5	18032	406.8	10742	131.4	43982	752.5	3592	37.0
2010	27722	132.3	20954	488.9	12376	136.1	48853	846.9	3636	38.7

注：①固定资产折旧率为每年 9.6%。②1995 年浙江省的资本存量采用张军等（2004）的原始数据 1392 亿元（1952 年不变价格）。此外，张军等（2004）所估计的浙江省固定资产投资价格指数比（2000 年/1952 年）为 3.591，而浙江省 2000 年/1995 年的固定资产投资价格指数比为 0.969，据此可算出浙江省 1995 年/1952 年的固定资产投资价格指数比为 3.706；由此，1995 年浙江省资本存量为 5159 亿元（1995 年不变价格）。③价格定基指数与固定资产投资价格定基指数以 1995 年为 100，其余各年度均以 1995 年为基年。④2009 和 2010 年浙江省的价格定基指数参照全国。

表 E.3 全国三次产业全要素生产率估计的原始数据（1995~2008 年）

年份	真实GDP增长率（%）	一产名义GDP（亿元）	一产真实GDP增长率（%）	二产名义GDP（亿元）	二产真实GDP增长率（%）	三产名义GDP（亿元）	三产真实GDP增长率（%）	资本存量增长率（%）
1995	—	12136	—	28679	—	19978	—	—
1996	8.1	14015	6.6	33835	8.9	23326	7.8	1.8
1997	16.7	14442	6.9	37543	17.6	26988	21.4	4.2
1998	25.8	14818	10.6	39004	23.2	30580	38.6	8.1
1999	35.5	14770	11.8	41034	31.4	33873	55.7	12.4

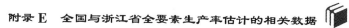

续表

年度	真实GDP增长率(%)	一产名义GDP(亿元)	一产真实GDP增长率(%)	二产名义GDP(亿元)	二产真实GDP增长率(%)	三产名义GDP(亿元)	三产真实GDP增长率(%)	资本存量增长率(%)
2000	49.3	14945	12.7	45556	45.3	38714	77.3	17.6
2001	63.8	15781	18.1	49512	56.8	44362	101.7	24.3
2002	81.3	16537	24.8	53897	72.1	49899	128.7	33.4
2003	102.2	17382	29.6	62436	97.0	56005	153.7	46.8
2004	129.1	21413	53.7	73904	124.5	64561	181.5	64.3
2005	158.7	23070	62.6	87365	160.6	73433	214.4	87.6
2006	192.2	24040	66.9	103162	203.0	84721	257.3	117.3
2007	229.9	28095	86.1	121381	240.2	100054	302.6	153.8
2008	275.5	33702	110.9	149003	294.5	131340	399.2	238.0

续表 E.3 全国三次产业全要素生产率估计的原始数据（1995~2008 年）

年度	一产名义固定资产投资额(亿元)	一产资本存量(亿元,1995年不变价格)	一产资本存量增长率(%)	二产名义固定资产投资额(亿元)	二产资本存量(亿元,1995年不变价格)	二产资本存量增长率(%)	三产名义固定资产投资额(亿元)	三产资本存量(亿元,1995年不变价格)	三产资本存量增长率(%)
1995	—	11546	—	—	105607	—	—	76498	—
1996	573	10989	−4.8	9028	104149	−1.4	13313	81955	7.1
1997	648	10546	−8.7	9695	103315	−2.2	14598	87885	14.9
1998	690	10187	−11.8	9775	102653	−2.8	17944	96441	26.1
1999	746	9919	−14.1	10300	102599	−2.8	18809	105079	37.4
2000	856	9772	−15.4	11587	103649	−1.9	20475	124341	62.5
2001	1079	9845	−14.7	13471	106324	0.7	22663	133644	74.7
2002	1305	10121	−12.3	16487	111540	5.6	25709	144864	89.4
2003	1652	10661	−7.7	21352	120367	14.0	32563	160749	110.1
2004	1891	11276	−2.3	28740	133717	26.6	39846	179846	135.1
2005	2324	12176	5.5	38837	154017	45.8	47613	203206	165.6
2006	2750	13318	15.3	48479	179970	70.4	58769	233084	204.7
2007	3404	14794	28.1	61154	212170	100.9	72767	269581	252.4
2008	5064	17137	48.4	76961	248986	135.8	90803	311170	5064

续表 E.3　全国三次产业全要素生产率估计的原始数据（1995~2010 年）

年份	就业人口增长率（%）	一产就业人口总量（万人）	一产就业人口增长率（%）	二产就业人口总量（万人）	二产就业人口增长率（%）	三产就业人口总量（万人）	三产就业人口增长率（%）
1995	—	35530	—	15655	—	16880	—
1996	1.3	34820	-2.0	16203	3.5	17927	6.2
1997	2.6	34840	-1.9	16547	5.7	18432	9.2
1998	3.8	35177	-1.0	16600	6.0	18860	11.7
1999	4.9	35768	0.7	16421	4.9	19205	13.8
2000	5.9	36043	1.4	16219	3.6	19823	17.4
2001	7.3	36513	2.8	16284	4.0	20228	19.8
2002	8.3	36870	3.8	15780	0.8	21090	24.9
2003	9.4	36546	2.9	16077	2.7	21809	29.2
2004	10.5	35269	-0.7	16920	8.1	23011	36.3
2005	11.4	33970	-4.4	18084	15.5	23771	40.8
2006	12.2	32561	-8.4	19225	22.8	24614	45.8
2007	13.1	31444	-11.5	20629	31.8	24917	47.6
2008	11.0	29923	-15.8	20553	31.3	25087	48.6
2009	11.4	28890	-18.7	21080	34.7	25857	53.2
2010	11.8	27931	-21.4	21842	39.5	26332	56.0

　　注：①1995 年全国三次产业资本存量之间的比例按徐现祥等（2007）的研究确定，即：0.060：0.545：0.395，1995 年的资本总量仍沿用张军等（2004）的研究结果。②固定资产折旧率为每年9.6%。③价格定基指数与固定资产投资价格定基指数以 1995 年为 100，其余各年均以 1995 年为基年。④一产、二产、三产名义固定资产投资额来自于《中国固定资产投资统计年鉴》。

表 E.4　浙江省三次产业全要素生产率估计的原始数据（1995~2010 年）

年份	真实 GDP 增长率（%）	一产名义 GDP（亿元）	一产真实 GDP 增长率（%）	二产名义 GDP（亿元）	二产真实 GDP 增长率（%）	三产名义 GDP（亿元）	三产真实 GDP 增长率（%）	资本存量增长率（%）
1995	—	550	—	1855	—	1153	—	—
1996	9.1	595	0.3	2232	11.6	1361	9.4	21.4
1997	18.8	619	1.5	2555	24.2	1513	18.3	42.3
1998	28.4	609	0.2	2767	34.9	1676	31.4	65.0
1999	40.0	606	0.9	2975	46.8	1863	47.8	87.0
2000	56.3	631	3.9	3274	59.9	2236	75.7	114.4
2001	76.1	660	9.0	3573	75.0	2666	110.0	149.2
2002	106.2	685	14.2	4090	102.2	3228	156.6	196.6
2003	145.3	718	17.4	5096	147.1	3891	203.4	263.9

续表

年份	真实 GDP 增长率 (%)	一产名义 GDP (亿元)	一产真实 GDP 增长率 (%)	二产名义 GDP (亿元)	二产真实 GDP 增长率 (%)	三产名义 GDP (亿元)	三产真实 GDP 增长率 (%)	资本存量 增长率 (%)
2004	183.2	814	28.1	6250	191.6	4584	243.9	338.6
2005	222.5	893	38.6	7166	230.0	5379	298.4	417.4
2006	274.0	925	42.2	8510	287.8	6308	362.5	502.7
2007	328.1	986	45.4	10148	343.7	7646	437.8	588.4
2008	366.7	1096	54.0	11567	381.9	8799	489.8	667.4
2009	406.8	1163	65.9	11908	403.5	9919	574.7	752.5
2010	488.9	1361	87.0	14298	482.6	12064	690.9	846.9

续表 E.4　浙江省三次产业全要素生产率估计的原始数据（1995~2010 年）

年份	一产名义固定资产投资额 (亿元)	一产资本存量 (亿元, 1995 年不变价格)	一产资本存量增长率 (%)	二产名义固定资产投资额 (亿元)	二产资本存量 (亿元, 1995 年不变价格)	二产资本存量增长率 (%)	三产名义固定资产投资额 (亿元)	三产资本存量 (亿元, 1995 年不变价格)	三产资本存量增长率 (%)
1995	—	296	—	—	2627	—	—	2235	—
1996	—	312	5.4	—	2921	11.2	—	3028	35.5
1997	—	330	11.5	—	3394	29.2	—	3617	61.8
1998	—	350	18.2	—	4045	54.0	—	4120	84.3
1999	—	370	25.0	—	4875	85.6	—	4405	97.1
2000	—	393	32.8	—	5883	123.9	—	4787	114.2
2001	—	418	41.2	—	7070	169.1	—	5367	140.1
2002	—	443	49.7	—	8434	221.1	—	6424	187.4
2003	17	417	40.9	2166	9767	271.8	2811	8588	284.3
2004	19	395	33.4	2736	11384	333.3	3305	10849	385.4
2005	22	378	27.7	3113	13189	402.1	3561	13123	487.2
2006	24	363	22.6	3523	15155	476.9	4047	15576	596.9
2007	36	360	21.6	3955	17179	553.9	4430	17977	704.3
2008	36	354	19.7	3939	18699	611.8	4576	19932	791.8
2009	57	364	23.0	4291	20170	667.8	5557	22250	895.5
2010	60	373	26.2	4698	21686	725.5	6806	25114	1023.7

续表 E.4　浙江省三次产业全要素生产率估计的原始数据（1995~2010 年）

年份	就业人口增长率（%）	一产就业人口总量（万人）	一产就业人口增长率（%）	二产就业人口总量（万人）	二产就业人口增长率（%）	三产就业人口总量（万人）	三产就业人口增长率（%）
1995	—	1152	—	883.00	—	587.00	—
1996	0.2	1129	−2.0	886.00	0.4	610.00	4.0
1997	0.0	1113	−3.4	881.00	−0.2	625.00	6.6
1998	−0.3	1109	−3.8	854.00	−3.2	650.00	10.8
1999	0.2	1078	−6.4	784.00	−11.2	763.00	30.0
2000	4.0	970	−15.8	966.00	9.5	790.00	34.7
2001	6.7	935	−18.8	1010.00	14.4	852.00	45.2
2002	9.1	885	−23.2	1070.00	21.2	903.00	54.0
2003	11.4	826	−28.3	1201.00	36.1	891.00	52.0
2004	14.2	780	−32.3	1305.00	47.8	907.00	54.7
2005	18.3	760	−34.1	1398.00	58.3	944.00	60.9
2006	21.0	718	−37.7	1452.00	64.5	1002.00	70.9
2007	29.9	683	−40.7	1593.00	80.4	1129.00	92.3
2008	33.0	670	−41.8	1660.04	88.0	1156.30	97.2
2009	37.0	658	−42.9	1726.06	95.5	1207.97	106.0
2010	38.7	582	−49.5	1810.36	105.1	1243.79	112.1

注：①1995~2002 年浙江省三次产业资本存量之间的比例按徐现祥等（2007）的研究确定，其中个别年度的三次产业资本存量没有提供，本书采用拉格朗日二次插值函数进行插值，但各年度的资本总量仍沿用表 E.2 的结果。②在《浙江统计年鉴》（2004~2011）中，仅有关于限额以上投资的相关数据；由于限额以上投资占所有的全社会固定资产投资的比重高达 91.5%，因此对所有投资的三次产业投资额度按限额以上投资的比例估算。这种估算数据误差很小。③三次产业的固定资产折旧率均采用每年 9.6% 的数值。④价格定基指数与固定资产投资价格定基指数以 1995 年为 100，其余各年度均以 1995 年为基年。

参考文献

［1］Boulding K E. The Economics of the Coming Spaceship Earth—from Environmental Quality in A Growing Economy ［M］. Maryland: The Johns Hopkins Press, 1996

［2］Chenery H B, Elkington H, Sims C. A Uniform Analysis of Development Pattern. Harvard University Center for International Affairs. Economic Development Report ［M］. Cambridge, Mass, 1970

［3］Clark C. The Conditions of Economic Progress ［M］. Macmillan, London, 1940

［4］Collier P, Venables A J. Rethinking Trade Preferences: How Africa Can Diversify Its Exports［J］. World Economy, 2007, 30 (8): 1326-1345.

［5］David E Bowen, Caren Siehl, Benjamin Schneider. A Framework for Analyzing Customer Service Orientations in Manufacturing ［J］. Academy of Management Review, 1989, Vol. 14

［6］Fagerberg J. Technological Progress, Structural Change and Productivity Growth: A Comparative Study［J］. Structural Change and Economic Dynamics. Vol. 11, 2000, pp.393-411

［7］Farrell M J. The Measurement of Productive Efficiency［J］. Journal of the Royal Statistical Society, 1957, 120: 253-281

［8］Frosh R, Gallopoulus N. Strategies for Manufacturing ［J］. Scientific American (September 1989): 94-102

［9］Grossman G M, Krueger A B. Environmental Impacts of A North American Free Trade Agreement ［D］. The U.S.-Mexico Free Trade Agreement, Cambrigde, MA, The MIT Press, 1993

［10］Hirschman A. The Strategy of Economic Development ［M］. Yale University Press, 1958

[11] Hofmann W G. The Growth of Industrial Economics [M]. Manchesters University Press, 1958.

[12] Kaldor N. Strategic Factors in Economic Development [M]. New York, Ithaca: New York State School of Industrial and Labour Relations, Comell University, 1967

[13] Lakhwinder S. Technological Progress, Structural Change and Productivity Growth in Manufacturing Sector of South Korea [EB/OL]. http://citeseerx.ist.psu.edu/viewdoc/summary? doi=10.1.1.85.9036, 2002

[14] Lewis W A. The Theory of Economic Growth [M]. London: George Allen & Urwin, 1955

[15] Lin J, Xu Z. Endowment Structure, Industrialization and Post-industrialization: A Three-Sector Model of Structural Change [EB/OL]. http://doc.mbalib.com/view/dc4f8ddd373033cf7fd8d434cd5675b9.html, 2006

[16] Park, Se-Hark. Intersectoral Relationships between Manufacturing and Services -New Evidence from Selected Pacific Basin Countries [J]. ASEAN Economic Bulletin, 1994 (Vol.10), No. 3

[17] Richard P. Rumelt How Much Does Industry Matter?[J]. Strategic Management Journal. Vol. 12, No. 3, (Mar., 1991), pp. 167-185

[18] Romer P M. Increasing Returns and Long Run Growth [J]. The Journal of Political Economy, 1995 (4).

[19] Solow R M. A Contribution to the Theory of Economic Growth [J]. Quarterly Journal of Economics, 1956 (2).

[20] Steindel C. The Relationship between Manufacturing Production and Goods Output [J]. Current issues in Economics and Finance. Vol.10, no.9, 2004

[21] Syrquin M, Chenery H B. Three Decades of Industrialization [M]. The World Bank Economic Reviews, 1989 (Vol.3), pp. 152-153

[22] Thaker S Y. Industrialization and Economic Development: An Appropriate Strategy for the Underdeveloped Countries [M]. Popular Prakashan, Bombay, 1985

[23] UNIDO. Industrial Development Report 2009 [EB/OL]. http://www.unido.org/fileadmin/user_media/Publications/IDR/2009/IDR_2009_print.PDF, 2009

[24] UNIDO. United Nations Industrial Development Organization. World

Industry since 1960：Progress and Prospects ［M］. New York：United Nations，1979

［25］World Bank. World Development Report 1987 ［M］. Oxford University Press，June 1987

［26］Young A. Increasing Returns and Economic Progress ［J］. The Economic Journal，1928（volume 38），pp.527-42

［27］阿尔弗雷德·韦伯.工业区位论 ［M］.北京：商务印书馆，2010

［28］奥古斯特·勒施.经济空间秩序 ［M］.北京：商务印书馆，2010

［29］弗里德里希·李斯特.政治经济学的国民体系 ［M］.北京：商务印书馆，1961

［30］吕贝尔特著.工业化史 ［M］.上海：上海译文出版社，1983

［31］罗斯托.经济成长的阶段 ［M］.北京：商务印书馆，1962

［32］迈克尔.波特.国家竞争优势 ［M］.北京：中信出版社，2009

［33］钱纳里，赛尔奎因.结构转变的典型类型 ［M］.上海：上海三联书店，1989

［34］钱纳里，鲁宾逊，赛尔奎因.工业化与经济增长的比较研究 ［M］.上海：上海三联书店，1989

［35］乔根森.生产率——第2卷：经济增长的国际比较 ［M］.北京：中国发展出版社，2001

［36］赛尔奎因.生产率增长和要素再配置 ［M］.上海：上海三联书店，1989

［37］汤姆·泰坦伯格.环境与自然资源经济学（第五版）［M］.北京：经济科学出版社，2003

［38］西蒙·库兹涅茨.各国的经济增长 ［M］.北京：商务印书馆，1985

［39］西蒙·库兹涅茨.现代经济增长 ［M］.北京：北京经济学院出版社，1989

［40］约翰·科迪等.发展中国家的工业发展政策 ［M］.北京：经济科学出版社，1990

［41］阿瑟·刘易斯.经济增长理论 ［M］.北京：商务印书馆，1991

［42］安格斯·麦迪森.世界经济二百年回顾 ［M］.北京：改革出版社，1997

［43］大卫·李嘉图.政治经济学及赋税原理 ［M］.北京：光明日报出版

社，2009

[44] 马歇尔. 经济学原理 [M]. 北京：北京出版社，2007（10）

[45] 托马斯·罗伯特·马尔萨斯. 人口原理 [M]. 西安：陕西师范大出版社，2008

[46] 威廉·配第. 赋税论 [M]. 北京：华夏出版社，2006

[47] 亚当·斯密. 国富论 [M]. 西安：陕西人民出版社，2001

[48] 白仲林，尹长斌. 中国省际全要素生产率动态行为的经验研究 [J]. 西北师范大学学报：社会科学版，2008（4）

[49] 边古. 中国西部地区工业化的回顾与前瞻 [J]. 中国工业经济，2000（4）

[50] 曹建海，李海舰. 论新型工业化的道路 [J]. 中国工业经济，2003（1）

[51] 陈栋. 生产性服务业与浙江制造业互动发展的思考 [J]. 当代经济管理，2006（6）

[52] 陈佳贵，黄群慧，钟宏武. 中国地区工业化进程的综合评价和特征分析 [J]. 经济研究，2006（6）

[53] 陈佳贵，黄群慧. 工业发展、国情变化与经济现代化战略：中国成为工业大国的国情分析 [J]. 中国社会科学，2005（4）

[54] 陈佳贵，黄群慧. 工业现代化的标志、衡量指标及对中国工业的初步评价 [J]. 中国社会科学，2003（3）

[55] 陈佳贵，黄群慧. 论新型工业化战略下的工业现代化 [J]. 当代财经，2003（9）

[56] 陈佳贵，黄群慧，钟宏武. 中国地区工业化进程的综合评价和特征分析 [J]. 经济研究，2006（6）

[57] 陈宪，黄建锋. 分工、互动与融合：服务业与制造业关系演进的实证研究 [J]. 中国软科学，2004（10）

[58] 崔向阳. 新型工业化道路内涵探析 [J]. 社会科学辑刊，2003（3）

[59] 邓翔，李建平. 中国地区经济增长的动力分析 [J]. 管理世界，2004（11）

[60] 樊纲. "离制造业"可能使中国陷入产业空心化泥沼 [J]. 领导决策信息，2003（3）

[61] 高波. 世纪之交的中国工业化、城市化战略 [J]. 管理世界，1994

（4）

[62] 葛岳静，王岳平.发达国家工业化中期阶段经济增长与工业结构变化的特征 [J].人文地理，1996（3）

[63] 龚唯平.工业化范畴论：对马克思工业化理论的系统研究 [M].北京：经济管理出版社，2001

[64] 顾乃华，毕斗斗，任旺兵.中国转型期生产性服务业发展与制造业竞争力关系研究：基于面板数据的实证分析 [J].中国工业经济，2006（9）

[65] 郭俊华.产业融合与西部地区新型工业化道路 [M].北京：中国经济出版社，2007

[66] 郭克莎.工业化新时期新兴主导产业的选择 [J].中国工业经济，2003（2）

[67] 郭克莎.中国工业化的进程、问题与出路 [J].中国社会科学，2000（3）

[68] 郭克莎.总量问题还是结构问题?：产业结构偏差对我国经济增长的制约及调整思路 [J].经济研究，1999（9）

[69] 郭庆旺，贾俊雪.中国全要素生产率的估算：1979~2004 [J].经济研究，2005（6）

[70] 郭庆旺，赵志耘，贾俊雪.中国省份经济的全要素生产率分析 [J].世界经济，2005（5）

[71] 国彦兵.产业空心化：温州经济面临新尴尬 [J].经济论坛，2003

[72] 洪银兴.论经济增长方式转变的基本内涵 [J].管理世界，1999（4）

[73] 黄鲁成，张红彩.中国地区间经济差异的全要素生产率比较 [J].统计与决策，2006（3）

[74] 黄群慧.中国工业现代化水平的基本测评 [J].中国工业经济，2004（9）

[75] 姜爱林.对中国工业化发展阶段的基本判断 [J].汕头大学学报，2002（2）

[76] 姜爱林.国内外工业化发展阶段不同划分方法 [J].经济观察，2002（5）

[77] 蒋志敏，李孟刚.产业空心化新论 [J].财经界，2006（21）

[78] 经济增长前沿课题组.经济增长、结构调整的累积效应与资本形成：当前经济增长态势分析 [J].经济研究，2003（8）

[79] 孔翔，万广华.国有企业全要素生产率变化及其决定因素：1990～1994 [J].经济研究，1999（7）

[80] 李健骆.论产业结构软化 [J].北京理工大学学报，1999（4）

[81] 李江帆，毕斗斗.国外生产服务业研究述评 [J].外国经济与管理.2004（11）

[82] 李京文.发展中国家和地区经济增长方式转变的经验 [J].金融信息参考，1997（1）

[83] 李京文.经济增长方式转变的国际经验（一）[J].数量经济技术经济研究，1996（9）

[84] 李京文.经济增长方式转变的国际经验（二）[J].数量经济技术经济研究，1996（11）

[85] 李京文.经济增长方式转变的国际经验 [J].中外管理导报，1996（2）

[86] 李京文，钟学义.中国生产率分析前沿 [M].北京：社会科学文献出版社，1998

[87] 李善同，侯永志.我国经济发展阶段特征与"十五"时期产业发展的主要任务 [J].管理世界，2001（2）

[88] 刘世锦，等.传统与现代之间：增长模式转型与新型工业化道路的选择 [M].北京：中国人民大学出版社，2006

[89] 刘伟，李绍荣.产业结构和经济增长 [J].中国工业经济，2002（5）

[90] 刘小玄.中国工业企业的所有制结构对效率差异的影响：1995 年全国工业企业普查数据的实证分析 [J].经济研究，2000（2）

[91] 刘幸.黑龙江省工业化发展阶段的基本判断及发展对策 [J].学习与探索，2003（4）

[92] 刘亚军，倪树高.基于全要素生产率的浙江省经济增长质量分析 [J].浙江社会科学，2006（6）

[93] 刘运河.经济增长方式转变的国际经验与启示 [J].经济师，2007（4）

[94] 刘志彪，安同良.中国产业结构演变与经济增长 [J].南京社会科学，2002（1）

[95] 卢东斌.促进工业化和信息化的良性互动 [J].求是，2003（7）

[96] 吕铁，周叔莲.中国的产业结构升级与经济增长方式转变 [J].管理

世界，1999（1）

[97] 吕铁. 论我国工业发展的阶段转换 [J]. 学习与探索，2000（1）

[98] 吕政，刘勇，王钦. 中国生产性服务业发展的战略选择：基于产业互动的研究视角 [J]. 中国工业经济，2006（8）

[99] 吕政. 关于中国工业化和工业现代化的思考 [J]. 中国工业经济，2000（1）

[100] 吕政. 我国新型工业化道路探讨 [J]. 经济与管理研究，2003（2）

[101] 罗延发. 工业化历史视野下推进两化融合制度创新的思考 [J]. 信息化建设，2010（8）

[102] 马云泽. 产业结构软化的动力机制模型 [J]. 南通大学学报，2005（1）

[103] 马云泽. 产业结构软化及其对世界经济发展的影响 [J]. 当代财经，2004（4）

[104] 马云泽. 世界产业结构软化趋势及启示：以美、日为例 [J]. 重庆邮电学院学报，2005（3）

[105] 马云泽. 世界产业结构软化趋势探析 [J]. 世界经济研究，2004（1）

[106] 麦婉文. 广东省工业化阶段的探析 [J]. 特区经济，2007（3）

[107] 彭国华. 中国地区收入差距、全要素生产率及其收敛分析 [J]. 经济研究，2005（9）

[108] 邱晓华，郑京平，万东华，冯春平，巴威，严于龙. 中国经济增长动力及前景分析 [J]. 经济研究，2006（5）

[109] 邱阳，杨俊，廖冰. 全要素生产率测定方法综述 [J]. 重庆大学学报，2002（11）

[110] 渠爱雪. 江苏省新型工业化水平综合测度研究 [J]. 经济地理，2006（1）

[111] 沈宏达. 中国工业化阶段划分初析 [J]. 中国工业经济研究，1994（2）

[112] 史清琪. 从工业技术进步状况看我国西部地区的发展战略 [J]. 计划经济研究，1985

[113] 涂正革，肖耿. 中国的工业生产力革命：用随机前沿生产模型对中国大中型工业企业全要素生产率增长的分解及分析 [J]. 经济研究，2005（3）

［114］王志刚，龚六堂，陈玉宇. 地区间生产效率与全要素生产率增长率分解：1978~2003［J］. 中国社会科学，2006（2）

［115］威廉·哈勒，张军. 根转轨国家的初始条件、改革速度与经济增长［J］. 经济研究，1999（10）

［116］魏权龄. 评价相对有效性的 DEA 模型［C］. 发展战略与系统工程——第五届系统工程学会年会论文集，1986

［117］吴亚燕. 建立新型工业化评价指标体系的思考［J］. 江苏统计，2003（4）

［118］谢德禄，李琼，王小明. 建立新型工业化的指标体系与评价标准探讨［J］. 重庆三峡学院学报，2004（3）

［119］谢千里，罗斯基，郑玉歆. 改革以来中国工业生产率变动趋势的估计及其可靠性分析［J］. 经济研究，1995（12）

［120］邢孝兵，徐洁香. 工业化发展阶段与我国农业国内支持政策调整［J］. 经济学家，2004（5）

［121］徐建军，汪浩瀚. 全要素生产率测定的数理分析和方法比较［J］. 宁波大学学报，2007（1）

［122］徐现祥，周吉梅，舒元. 中国省区三次产业资本存量估计［J］. 统计研究，2007（5）

［123］徐现祥. 我国经济增长方式转变的实证分析［J］. 上海经济研究，2000（5）

［124］徐向艺. 中国工业化进程的实证分析［N］. 山东大学学报，1995（3）

［125］杨小凯，张永生. 新兴古典经济学与超边际分析（修订版）［M］. 北京：社会科学文献出版社，2003

［126］姚洋. 非国有经济成分对我国工业企业技术效率的影响［J］. 经济研究，1998（12）

［127］叶裕民. 全国及各省区市全要素生产率的计算和分析［J］. 经济学家，2002（3）

［128］易纲，樊纲，李岩. 关于中国经济增长与全要素生产率的理论思考［J］. 经济研究，2003（8）

［129］雍红月，李松林. 谈工业化概念及工业化阶段的划分标准［J］. 内蒙古统计，2002（2）

[130] 袁志刚，范剑勇. 1978 年以来中国的工业化进程及其地区差异分析 [J]. 管理世界，2003（7）

[131] 苑琳，郑芹，雷怀英. 山西新型工业化阶段的评价与对策研究 [J]. 技术经济，2006（10）

[132] 岳书敬，刘朝明. 人力资本与区域全要素生产率分析 [J]. 经济研究，2006（4）

[133] 曾国安. 试论工业化阶段的划分 [J]. 经济评论，1997（3）

[134] 战明华，史晋川. 不同增长路径下全要素生产率的差异性及其含义：以浙江省为例的比较研究 [J]. 财经研究，2006（7）

[135] 张军，施少华，陈诗一. 中国的工业改革与效率变化：方法、数据、文献和现有的结果 [J]. 经济学：季刊，2003（1）

[136] 张军，吴桂英，张吉鹏. 中国省际物质资本存量估算：1952-2000 [J]. 经济研究，2004（10）

[137] 张军. 资本形成、工业化与经济增长：中国的转轨特征 [J]. 经济研究，2002（6）

[138] 张培刚. 发展经济学通论（第一卷）：农业国工业化问题 [M]. 长沙：湖南人民出版社，1991

[139] 张小蒂，李晓钟. 对我国长三角地区全要素生产率的估算及分析 [J]. 管理世界，2005（11）

[140] 张震龙，姜爱林. 中国工业化水平的综合考察 [J]. 工业工程与管理，2005（6）

[141] 浙江省工业经济研究所编（郑一方主编）. 浙江工业发展报告：2009 [M]. 杭州：浙江大学出版社，2009

[142] 浙江省工业经济研究所编（郑一方主编）. 浙江工业发展报告：2010 [M]. 杭州：浙江大学出版社，2010

[143] 浙江省工业经济研究所编，（谢力群主编）. 浙江工业发展报告 2011 [M]. 杭州：浙江工商大学出版社，2011

[144] 浙江省科协. 浙江省全要素生产率（TFP）测算 [C]. 2004 年浙江省科协重点学术研讨项目（2）：浙江省若干县（市）经济科技互动现状及对策研究论文集，2004

[145] 郑京海，刘小玄，Arne Bigsten. 1980~1994 年期间中国国有企业的效率、技术进步和最佳实践 [J]. 经济学：季刊，2002（3）

［146］郑玉歆.全要素生产率的测度及经济增长方式的"阶段性"规律：由东亚经济增长方式的争论谈起［J］.经济研究，1999（5）

［147］郑玉歆.全要素生产率的测算及其增长的规律：由东亚增长模式的争论谈起［J］.数量经济技术经济研究，1998（10）

［148］郑玉歆，许波.经济增长研究中的资本度量［J］.数量经济技术经济研究，1992（7）

［149］周建鹏，赵细康.中国全要素生产率与经济可持续增长研究［J］.新经济杂志，2006（5）

［150］周振华.新型工业化道路：工业化与信息化的互动与融合［J］.上海经济研究，2002（12）

［151］庄晋财.区域要素整合与小企业发展［M］.成都：西南财经大学出版社，2004

后　记

　　作为中国东部沿海地区之一，浙江省在改革开放的前30年，常被视为中国改革开放的"模范生"，然而2008年国际金融危机以来，浙江省经济发展的速度明显下行，经济发展的速度和质量都开始被兄弟省份超越。今后30年浙江省该走一条什么样的发展道路？理论界对此存在较大争议。关于现阶段浙江省工业化进程的判断是其中的重要议题之一。在浙江省有关领导的直接支持下，2007年浙江省工业经济研究所决定立项开展《浙江省工业化发展阶段分析及对策研究》课题研究。2008年国际金融危机爆发后，课题研究的阶段性成果陆续涌现，并获得有关领导、有关部门和众多省内知名专家的肯定，课题的主要成果获得浙江省第十五届哲学社会科学优秀成果奖三等奖和2010年浙江省科学技术奖三等奖。本书为《浙江省工业化发展阶段分析及对策研究》课题报告的主体内容。

　　本书的研究成果试图说明，浙江区域经济当前所面临的突出矛盾和问题是工业化总体发展水平不足的直接后果。解决这些矛盾和问题的根本途径是坚定不移地推进工业化进程，而转型升级正是按照新型工业化道路的要求推进工业化进程的重大战略性举措。在今后较长的一段时期内，浙江省仍然需要毫不动摇地加快工业化进程，大力提升工业经济在国内和国际上的竞争力和可持续发展能力，为浙江省全面小康社会建设奠定更加坚实的基础。

　　在本课题研究开展过程中，得到了时任浙江省经济贸易委员会主任汤黎路、副主任郑一方的大力支持，浙江省工业经济研究所副所长苗文斌博士、副总经济师徐松屹博士、工业经济研究室副主任朱国平等都参与了本课题的研究，工业经济研究室章哲同志对全书的数据进行了最终的核校工作。本书虽然主要是以浙江省为对象的个案研究，但对兄弟省份的工业化发展显然也具有参考价值和借鉴意义。对从事工业经济领域的产业政策、产业投资、教学研究等方面的研究者和实践者，也具有较高的参考价值。

　　由于研究水平、条件和时间等方面的限制，本书还存在诸多不足之处。敬请专家、学者、社会各界人士批评指正！

作　者
2012 年 1 月